高等职业教育汽车类专业校企合作"互联网+"创新型教材
新能源汽车技术专业

电动汽车检查与维护

主 编 黎永键

副主编 陈述官 邱秀丽

参 编 张胜宾 简浩钧

U0366933

机械工业出版社

本书内容包括电动汽车安全使用规范、电动汽车基本使用、电动汽车电驱动系统的检查与维护、电动汽车高压部件的检查与维护、电动汽车辅助系统的检查与维护、电动汽车整车的检查与维护及常见故障处理6个项目，采用"理实一体化"的模式编写，每个项目依托真实的企业工作场景，以任务为载体组织教学内容，并融入新能源汽车维修技能的国家标准要求，针对性和实用性较强。

本书可作为职业院校新能源汽车技术、汽车检测与维修技术、汽车电子技术等相关专业的教学用书，也可作为汽车维修企业内部的培训用书，还可作为汽车维修技术人员和汽车4S店工作人员的参考用书。

图书在版编目（CIP）数据

电动汽车检查与维护/黎永键主编．—北京：机械工业出版社，2021. 1（2024. 2 重印）
高等职业教育汽车类专业校企合作"互联网＋"创新型教材
ISBN 978-7-111-67363-7

Ⅰ．①电… Ⅱ．①黎… Ⅲ．①电动汽车 – 检查 – 高等职业教育 – 教材
②电动汽车 – 维修 – 高等职业教育 – 教材 Ⅳ．①U469.72

中国版本图书馆 CIP 数据核字（2021）第 017672 号

机械工业出版社（北京市百万庄大街22 号 邮政编码100037）
策划编辑：蓝伙金 责任编辑：蓝伙金 赵 帅
责任校对：梁 静 封面设计：鞠 杨
责任印制：常天培
固安县铭成印刷有限公司印刷
2024 年 2 月第 1 版第 2 次印刷
184mm×260mm · 11. 25 印张 · 285 千字
标准书号：ISBN 978-7-111-67363-7
定价：37. 00 元

电话服务   网络服务
客服电话：010-88361066   机 工 官 网：www.cmpbook.com
         010-88379833   机 工 官 博：weibo. com/cmp1952
         010-68326294   金 书 网：www.golden-book.com
封底无防伪标均为盗版 机工教育服务网：www.cmpedu.com

高等职业教育汽车类专业校企合作"互联网＋"创新型教材

编写委员会

序

教材是教学过程的主要载体，加强教材建设是深化教学改革的有效途径，推进人才培养模式改革的重要条件，也是保障教学基本质量、培养高端技能型人才和技术应用型人才的重要基础。

为了深入贯彻党的十九大精神和全国教育大会部署，落实党中央、国务院关于教材建设的决策部署和《国家职业教育改革实施方案》有关要求，弘扬劳动光荣、技能宝贵、创造伟大的时代风尚。深化职业教育"三教"改革，突出职业教育的类型特点，统筹推进教师、教材、教法改革，深化产教融合、校企合作。适应新时期汽车行业的快速发展和汽车产业转型升级需要，实现"专业设置与产业需求对接、课程内容与职业标准对接、教学过程与生产过程对接"，推进高等职业教育汽车类专业的高质量发展。我们在市场调研和专家论证的基础上，组织了由一批优秀高职院校名师和一线企业专家组成的编写委员会，以校企合作形式，共同编写了本套"高等职业教育汽车类专业校企合作'互联网＋'创新型教材"。

一、编写依据、指导思想和编写原则

1. 编写依据

以教育部《关于组织开展"十三五"职业教育国家规划教材建设工作的通知》（教职成司函〔2019〕94 号）文件精神和 2018 年《普通高等学校高等职业教育（专科）专业目录》为依据。结合汽车行业发展，重点开发新能源汽车、智能控制技术、智能网联汽车等急需紧缺的战略性新兴领域。

2. 指导思想

本套教材以"一主线三融合四服务"的构建思路。"一主线"，即以能力培养目标为主线。"三融合"，即融合企业职业标准，融合知识、能力及素质培养，融合线上线下＋课内课外学习；"四服务"，即内容体系为认识规律服务，理论基础为技术应用服务，媒体资源为教学（自主学习）服务，教学模式为教学目标达成服务，实施课程体系改革并系统建设立体化教材。

3. 编写原则

以"必需、够用"为编写原则，以企业需求为基本依据，兼顾行业升级需要和降低城市雾霾等环境保护的新要求，突出新能源汽车等新知识、新技术、新工艺和新方法。

二、教材特色

以企业实际出发，以培养技术应用型技术人才为主，在总结多年教学经验和已有教材的基础上，充分吸取先进职教理念和方法，形成如下特点：

1. 突出职教特色，坚持质量为先

遵循技术技能人才成长规律，知识传授与技术技能培养并重。配合推进三教（教师、教材、教法）改革，创新新编写模式。以"理实一体"为编写理念，以企业需求和岗位需要为依据，对接职业标准和岗位要求，突出职业岗位核心能力的培养，加强技能训练。

2. 突出"校企合作，产教融合"，提高与行业企业的契合度

坚持产教融合，校企双元开发。强化行业指导、企业参与，注重吸收行业企业技术人员、能工巧匠等深度参与教材编写。课程以最新专业目录为依据，结合产业转型升级需要，及时将产业发展的新技术、新工艺、新规范，包括智能网联汽车、新能源汽车技术、汽车智能制造技术等融入教材。

3. 体现"互联网＋职业教育"，提高师生的满意度

围绕"互联网＋职业教育"发展需求，探索配套资源开发、信息技术应用，统筹推进的新形态一体化教材。配套多种形式的数字化教学资源教材，为教学组织提供较大的选择空间。

三、教材编写队伍

本系列教材由机械工业出版社，广东交通职业技术学院、哈尔滨工业大学（威海）、深圳职业技术学院、韶关学院、顺德职业技术学院、广东机电职业技术学院、广州科技贸易职业技术学院、东莞职业技术学院、广州珠江职业技术学院、广州华商职业学院、河源职业技术学院、广东农工商职业技术学院等10多所职业院校，广州丰田汽车特约维修有限公司、深圳深业汽车集团、柯柏文（深圳）科技有限公司、南京奥吉汽车研究院、深圳风向标教育资源股份有限公司等一线企业、研究单位组织编写，编写团队包括院校院/校长、专业名师、学科带头人、骨干教师和企业高管、企业专家、技术骨干，结合高职院校"双高计划"、一流专业等建设项目，充分体现了"产教结合，校企合作"的开发特色，有利于教材反映最新的技术和教学成果。为保证教材的质量、水平奠定良好基础。

高等职业教育汽车类专业校企合作"互联网＋"创新型教材
编写委员会

前言 <<<

随着电动汽车产业的快速发展，社会对电动汽车专业人才提出了更高的要求。进一步深化人才培养模式、课程体系和教学内容的改革，不断提高办学质量和教学水平，培养更符合新时代要求并具有创新能力的高技能、高素质人才，是职业院校汽车专业教育的当务之急。

电动汽车技术相关课程是高职高专院校新能源汽车专业的核心课程，在汽车专业人才培养中起重要的作用。为了帮助高职高专院校的教师比较全面、系统地讲授这门课程，使学生在掌握理论知识的同时，能够比较熟练地对电动汽车进行使用与维护操作，我们编写了本书。

本书是以"以行业需求为导向、以能力培养为本位"的先进职业教育理念为指导进行编写的，在结构和体系上，本书以项目、任务为组织方式，根据实际工作情境归纳出6个学习项目，各项目细分为若干学习任务，将电动汽车安全使用与维护技能的培养融入每个学习任务之中。针对职业教育较强的任务操作性和实施性需求，将每一个任务分为学习参考和学习工作页。通过完成每一个任务，读者可以在学习电动汽车安全使用与维护技能的同时，掌握汽车高级维修工技能的国家标准要求。这样的安排，使本书理实一体化相结合，突出对基础理论的理解掌握和实践能力的培养，针对性和实用性较强。全书图文并茂，言简意赅，直观易懂，有利于读者的学习和知识、技能的掌握。

本书由广东农工商职业技术学院黎永键任主编并负责全书的统稿工作，陈述官、邱秀丽任副主编，简浩钧、张胜宾参加了本书的编写。具体编写分工如下：黎永键编写了项目1、项目2和项目4，陈述官编写了项目3，简浩钧编写了项目5，邱秀丽编写了项目6中任务6.1，张胜宾编写了项目6中任务6.2。

由于编者水平有限，书中难免存在不足之处，敬请广大读者批评指正。

编　者

目录 <<<

项目1

电动汽车安全使用规范

任务1.1 了解电动汽车

随着新能源汽车技术的飞速发展，电动汽车的应用日益广泛，电动汽车是特别重要的新能源汽车。

【任务要求】

1）熟悉电动汽车的分类、特点。

2）熟悉电动汽车安全使用的注意事项。

学习参考

1. 电动汽车的定义与分类

电动汽车属于新能源汽车的一种，图1-1所示为新能源汽车的分类。

全部或部分由电动机驱动并配置大容量电能储存装置的汽车称为电动汽车。电动汽车可分为纯电动汽车（Battery Electric Vehicle，BEV）、混合动力电动汽车（Hybrid Electric Vehicle，HEV）和燃料电池电动汽车（Fuel Cell Electric Vehicle，FCEV）3种类型。

（1）纯电动汽车 纯电动汽车是以完全可充电电池（如铅酸蓄电池、镍铬电池、镍氢电池、锂离子蓄电池）为动力源的汽车，其结构示意图如图1-2所示。

纯电动汽车的优点主要包括：

1）无污染、噪声小。

2）结构简单、使用维修方便。

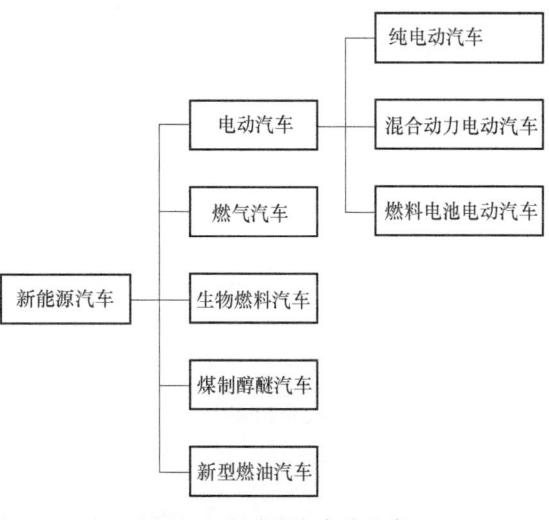

图1-1 新能源汽车的分类

3）能量转换效率高，可同时回收制动、下坡时的能量，提高能量的利用率。

4）可在夜间利用电网的廉价"谷电"进行充电，起到平抑电网的谷峰差的作用。

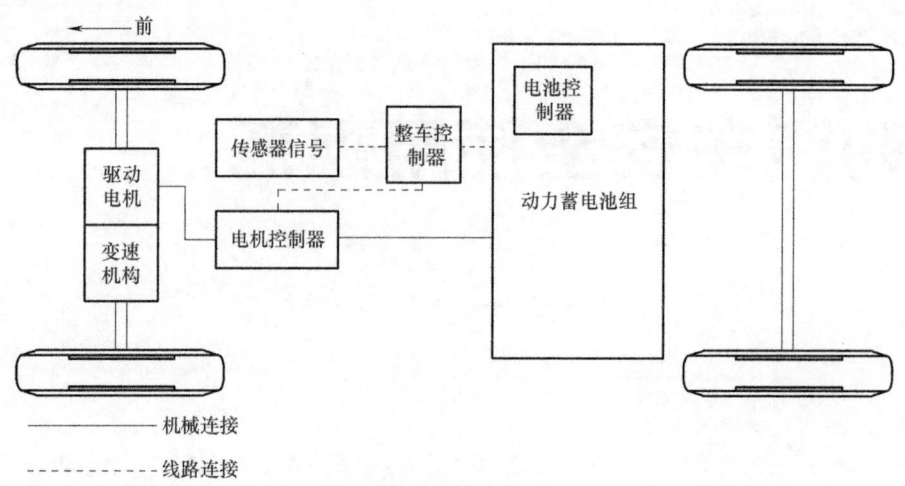

图 1-2　纯电动汽车的结构示意图

（2）混合动力电动汽车　混合动力电动汽车的动力传递形式有串联、并联和混联 3 种。

1）串联式。其功率源至少为两种不同的能量装置，如传统的将燃料的化学能转化为机械能输出的内燃机和能存储电能的蓄电池系统。一般而言，串联式混合动力电动汽车由内燃机驱动发电机产生电能驱动电动机，同时由蓄电池系统提供部分能量。由于各动力部件之间为非机械连接，可以去掉传统车辆的动力传递系统，增加了布置的灵活性。图 1-3 所示为串联式混合动力电动汽车的结构示意图。

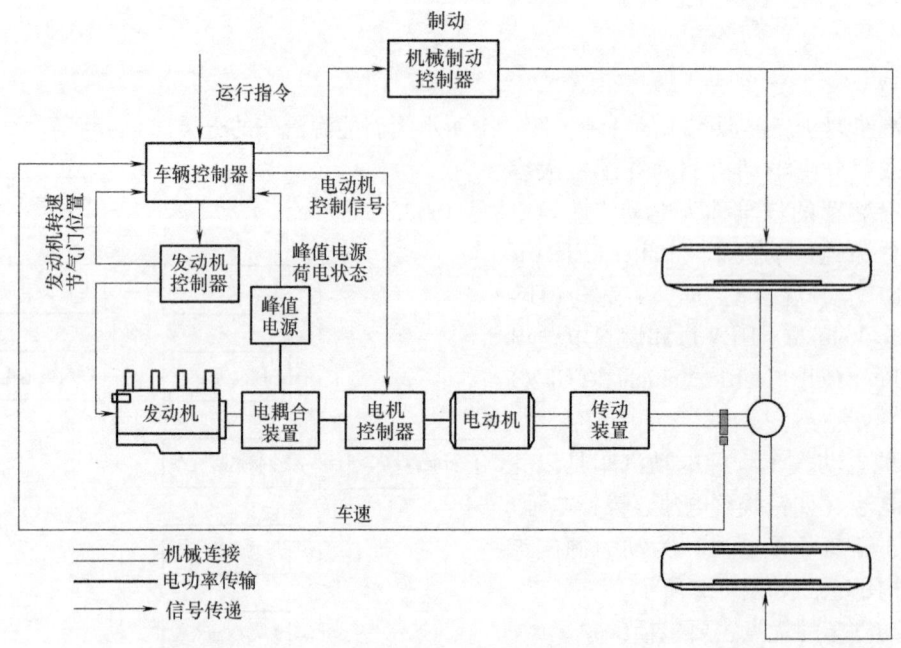

图 1-3　串联式混合动力电动汽车的结构示意图

2）并联式。并联式混合动力电动汽车的发动机通过机械传动机构直接驱动汽车，无须将发动机机械能转化成电能，从而避免了转换能量损失，发动机输出能量的利用率相对较高。发动机与电动机并联驱动时，还需要动力复合装置，并联驱动系统的传动机构较为复杂。并联式混合动力驱动系统与车轮之间直接机械连接，发动机的运行工况会受车辆行驶工况的影响，所以车辆在行驶工况频繁变化的情况下运行时，发动机有可能不在其最佳工作区域内运行，其油耗和排放指标可能不如串联式混合动力系统。图 1-4 所示为并联式混合动力电动汽车的结构示意图。

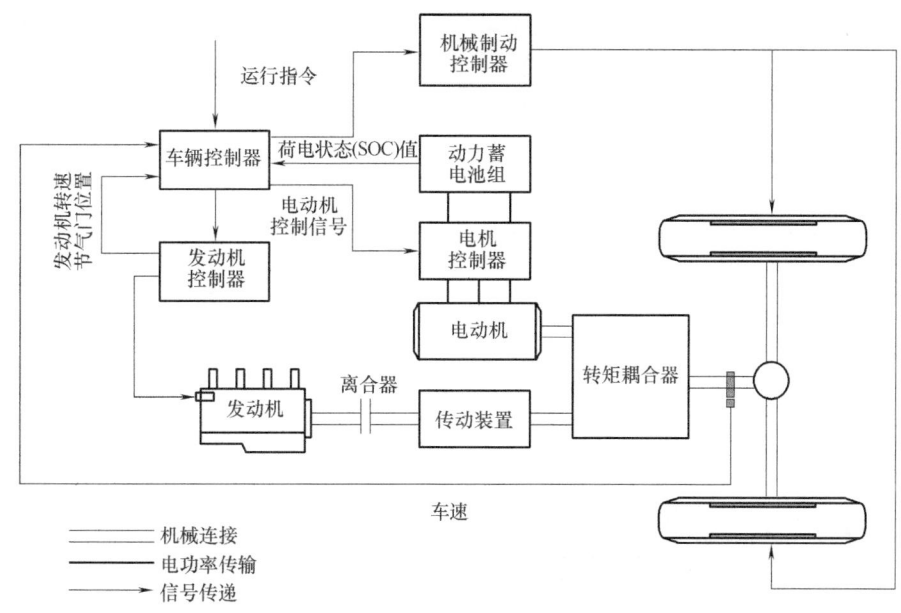

图 1-4　并联式混合动力电动汽车的结构示意图

　　3）混联式。其同时具有串联式和并联式两种驱动方式，与串联式相比，主要增加了机械动力传递线路；与并联式相比，增加了电力驱动传输线路。图 1-5 所示为混联式混合动力电动汽车的结构示意图。

　　（3）燃料电池电动汽车　与内燃机汽车相比，燃料电池电动汽车具有经济性好、环保等优势；与纯电动汽车相比，燃料电池电动汽车具有续航能力强、动力性好等优势。当前，燃料电池电动汽车的核心技术仍处于研发和测试阶段。

　　1）优点。结构简单，便于实现系统控制和整体布置；系统部件少，有利于整车的轻量化；较少的部件使得整体的能量传递效率高。

　　2）缺点。燃料电池功率大、成本高；对燃料电池系统的动态性能和可靠性提出了很高的要求；不能进行制动能量回收。

　　图 1-6 所示为燃料电池电动汽车的结构示意图。

　　2. 电动汽车核心组成模块

　　电动汽车核心模块包括整车控制器（VCU）、电机控制器（MCU）和蓄电池管理系统（BMS），这些模块对整车的动力性、经济性、可靠性和安全性等有重要影响。

　　（1）整车控制器　整车控制器是实现整车控制决策的核心电子控制单元，一般仅在新能源汽车上配备，传统燃油车不需要该装置。VCU 的主要功能包括通过对 CAN 总线上的信息进行综合判断，对各个电控单元（ECU）进行监控、管理和协调；通过对其他 ECU 发来的信息

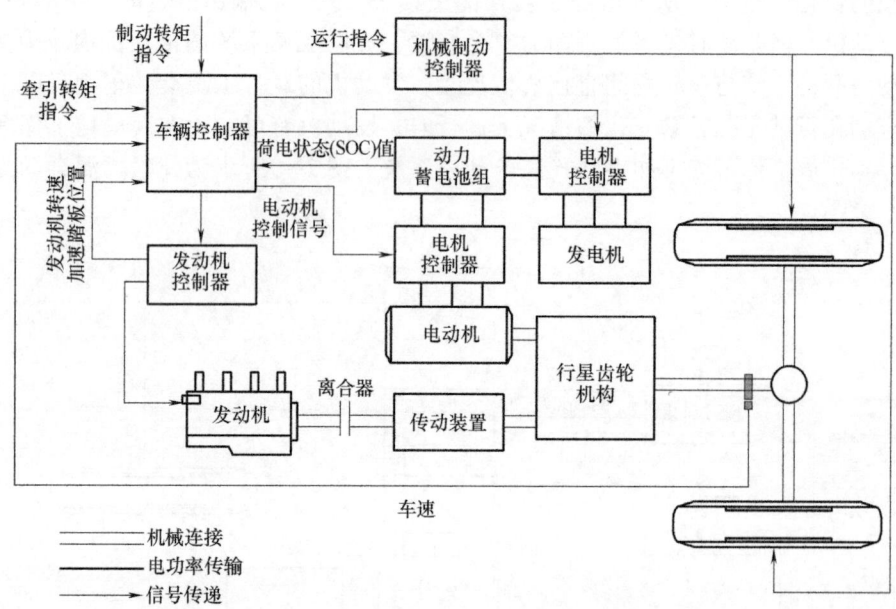

图 1-5 混联式混合动力电动汽车的结构示意图

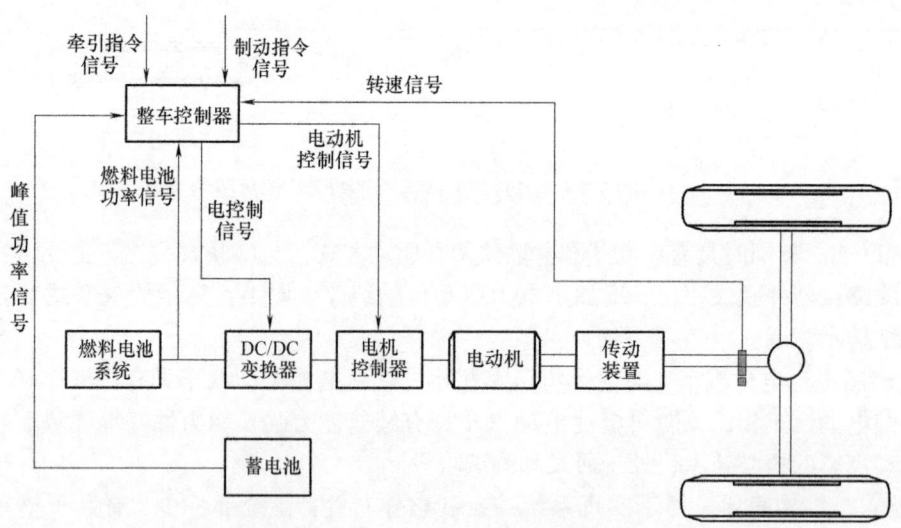

图 1-6 燃料电池电动汽车的结构示意图

及自身采集到的信号进行判断和处理，确保电动汽车上各主要用电设备正常工作。当检测到异常情况时，会发出一些如限流、关闭空调等控制要求。同时，将故障码存储在自身的非易失性存储器中。在紧急情况下，保障车辆的安全。图 1-7 所示为比亚迪电动汽车 VCU 实物图。

（2）电机控制器 电机控制器是新能源汽车特有的核心功率电子单元，通过接收整车控制器的车辆行驶控制指令，控制电动机输出指定的转矩和转速，驱动车辆行驶，将动力蓄电池的直流电能转换为所需的高压交流电，并驱动电动机本体输出机械能。同时，电机控制器具有电动机系统故障诊断保护和存储功能。图 1-8 所示为比亚迪电动汽车电机控制器实物图。

图 1-7   比亚迪电动汽车 VCU 实物图

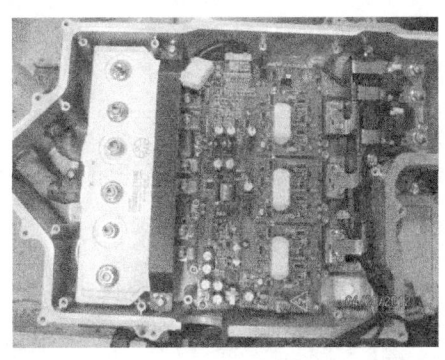

图 1-8   比亚迪电动汽车电机控制器实物图

（3）蓄电池管理系统   蓄电池管理系统是新能源汽车的核心能量源，为整车提供驱动电能。它主要通过金属材质的壳体包络构成蓄电池包主体。模块化的结构设计实现了电芯的集成，通过热管理设计与仿真优化电池包热管理性能，电器部件及线束实现了控制系统对蓄电池的安全保护及连接路径。通过蓄电池管理系统可实现对电芯的管理，以及与整车的通信及信息交换。蓄电池包组成如图 1-9 所示，包括电芯、模块、电气系统、热管理系统、箱体和蓄电池管理系统。蓄电池管理系统能够提高蓄电池的利用率，防止蓄电池出现过充电和过放电现象，延长蓄电池的使用寿命，监控蓄电池的状态。

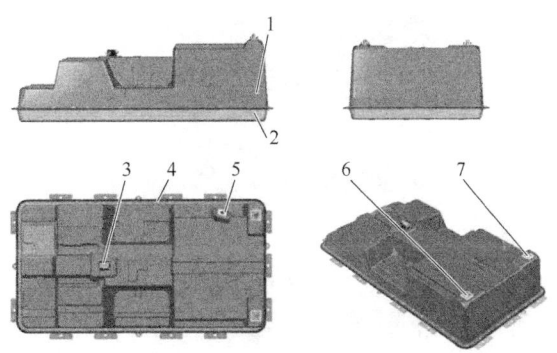

图 1-9   蓄电池包组成
1—密封盖 2—托盘 3—维修开关 4—密封压条
5—信号接口 6—正极引出 7—负极引出

（4）高压配电箱   整车高压配电箱的作用是将蓄电池包的高压直流电分配给整车高压电器使用，以实现电源分配、接通、断开。高压配电箱位于行李舱后排座椅后侧，其电路连接示意图如图 1-10 所示。

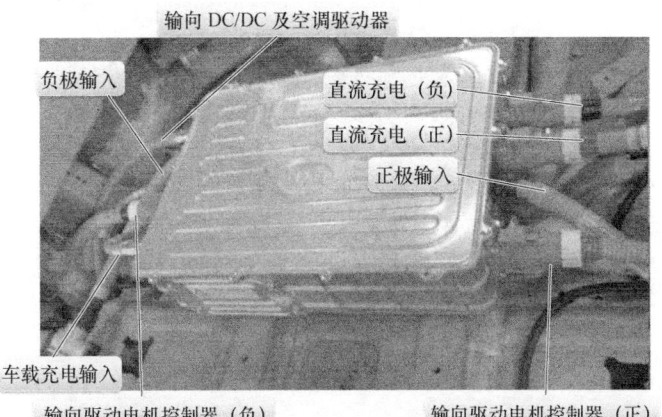

图 1-10   高压配电箱的电路连接示意图

学习工作页

【技能训练】

1) 写出以下新能源汽车对应的 3 种类型。

_____   _____   _____

2) 纯电动汽车中，市场占有率较高品牌如图 1-11 所示，将品牌与对应图片连线。

   比亚迪

北汽新能源

吉利

   特斯拉

图 1-11   电动汽车品牌

3) 查阅比亚迪 e6 电动汽车车辆铭牌（图 1-12），填写以下信息。

最大输出功率：_____   电机冷却方式：_____

最大输出电流：_____   电机类型：_____

图 1-12   比亚迪 e6 电动汽车铭牌

4) 查找比亚迪电动汽车充电口（图 1-13）。

图 1-13　比亚迪电动汽车充电口

【检验评估】

通过认知电动汽车实例，对任务进行评估，并将结果记录在表 1-1 中。

检查电动汽车技术认知计划的填写，对学生的掌握情况进行评估。

1）各组汇报工作过程与过程中遇到的问题，并说明解决方法。

2）自评与互评。

3）教师点评、总结学生的参与度、学习态度、专业能力、关键能力。

4）教师填写学业评估表。

表 1-1　学业评估表

评价内容	检验指标	分值	自评	互评	师评	总评
知识与技能（60分）	能叙述电动汽车技术发展情况	10分				
	能叙述不同电动汽车的特点	5分				
	能描述电动汽车的结构	5分				
	能在车上找到对应的子系统	20分				
	能正确认知子系统的作用	20分				
过程与方法（40分）	学习态度：主动参与学习，遵守纪律	10分				
	团队合作：与小组成员分工合作，在小组完成任务的过程中所起的作用较大	10分				
	方法能力：具备发现、分析、解决问题的方法与能力	10分				
	现场管理：服从工位安排、执行实训室 5S 管理规定	10分				
对学生的综合评价与建议						

任务 1.2　电动汽车安全操作

【案例引入】

在学习电动汽车技术基础的过程中，学习人员发现电动汽车电源属于高压系统。因此，必须理解电动汽车安全使用与操作规范的知识，这样才能进一步理解电动汽车使用与维护规范。电动汽车安全使用规范有哪些？如何按标准步骤完成电动汽车使用与维护作业？

【任务要求】

1）能够准确描述电动汽车安全使用规范。

2）能够根据电动汽车安全使用规范完成作业。

学习参考

1. 电动汽车安全措施

（1）剩余电流断路器 剩余电流断路器又称为漏电保护器、漏电开关或漏电断路器，其主要作用是在设备发生漏电故障时及对有致命危险的人身触电进行保护，具有过载和短路保护功能，可用来保护电路或电动机的过载和短路，在正常情况下作为电路的不频繁转换启动之用。

（2）高压互锁装置 电动汽车高压互锁装置（图1-14）也称为危险电压互锁回路。其作用是通过使用电气小信号来检查车辆高压器件、电路、插接器及护盖的电气完整性。若识别出回路异常断开时，则会在极短的时间内断开高压电，保障用户安全。

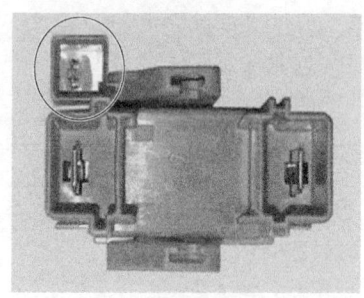

图1-14 高压互锁装置

高压互锁结构示意图如图1-15所示，信号回路包括两部分，一部分用于监测高压供电回路的完整性，另一部分用来监测所有高压部件保护盖是否非法开启。

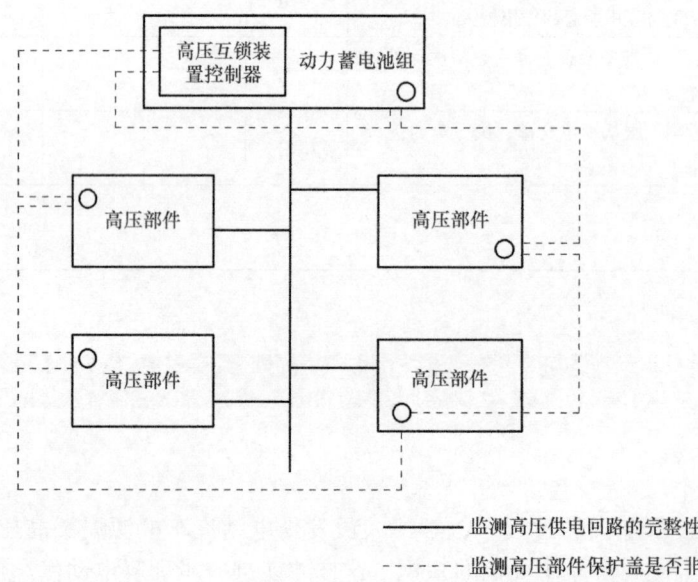

图1-15 高压互锁结构示意图

（3）绝缘电阻检测　绝缘电阻检测示意图如图1-16所示。绝缘电阻的检测步骤如下：

1）断开蓄电池和变频器的连接。

2）绝缘电阻表的负端连接汽车的搭铁点。

3）绝缘电阻表的正端连接电机各相的端口。

4）在测试电压为500V（根据蓄电池电压不同而不同）时，测量绝缘电阻。

2. 电动汽车维护作业前场地准备

1）确保场地周边无大功率电器电磁设备，以防止对汽车电器系统的检测造成电磁干扰。

2）为保证操作中的绝对安全，场地工作区域应设置警示标牌、标线清晰，隔离距离符合要求。

3）车辆操作区域地面铺设绝缘垫，工作前，使用专用绝缘仪器进行绝缘性能检查，确保工作过程中的安全。

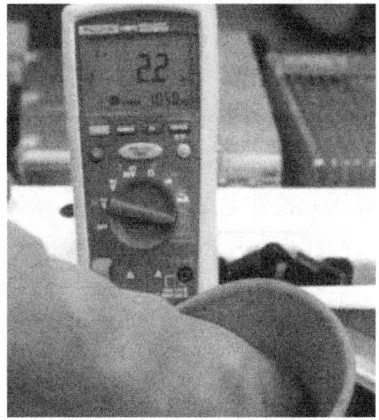

图1-16　绝缘电阻检测示意图

4）配备电动汽车维护专用工具，工具安全防护等级符合要求，外观、性能完好，摆放整洁有序。

5）消防设施有效，灭火器应设置在位置明显和便于取用的地点，摆放稳固。

6）车轮挡块、三件套（座套、转向盘套、脚垫）、翼子板布护垫等基本维护作业材料准备齐全。

3. 电动汽车维护和检查的注意事项

1）开始工作前，必须先断开电源。

2）检查、维修任何高压配线和零件时，必须戴绝缘手套。

3）进行高压系统操作时，应使用"高压工作，请勿靠近"的警示标牌警示其他人员。

4）勿携带任何金属物体靠近电源，以防止上述物体掉落而引起短路；拆下高压配线后，立刻用绝缘胶带将其绝缘。

5）务必按标准力矩将高压螺钉端子拧紧，以防止由于力矩不足或过量导致故障。

6）高压系统作业完毕、重新安装维修开关前，应再次确认在工作平台周围没有遗留任何零件或工具，并确认高压端子已拧紧、插接器已插接。

4. 电动汽车高压操作注意事项

（1）充电　车辆充电时，应按照说明书的规定进行充电。充电时，应尽量将车辆停放在室外，避免人员留在车内。充电电路要选择合适的线径，电路敷设应固定安装，要加装短路和漏电保护装置。专用交流电路是为了避免电路破坏或者由于给动力蓄电池充电时功率过大导致电路跳闸保护，如果没有使用专用电路，可能影响电路上其他设备的正常工作。在所有电路连接好的情况下，再合闸供电。

在选择充电方式时，基于保护动力蓄电池使用寿命的考虑，应尽量采用慢充充电方式。电动汽车采用交流电路和电源插座进行充电时，不允许使用外接转换接头、插线板等，且应确保使用额定电流为16A的电源插座。

（2）停放　如果车辆需长时间停放，应将辅助蓄电池的电源线拔下来，以防止过放电。确保电动汽车存放的环境通风情况良好，避免长时间放置于潮湿、高温、阳光暴晒等环境下。

（3）使用　动力蓄电池上电前，应检查所有的电路连接是否紧固、正确。确保蓄电池电量充足，避免过放电。驾车时，尽量避免急加速、急减速等。

（4）检测　在进行检测作业前，先将高压系统断电，并与车身绝缘，DC/DC（直流/直流）变换器仍然保持高电压系统和12V车载网络之间的电力连接。如果在高电压系统或电缆线及12V车载网络（车辆地线）之间的指定绝缘电阻达不到标准，高电压电路应直接在高电压电池处断开。

5. 电动汽车安全策略

（1）安全警示标志　由于电动汽车高压系统的电压通常在300V以上，为保障人员安全，在高压元器件上贴有高压警示标志（图1-17），其特点是符号的底色为黄色，边框和箭头为黑色，高压电路中的电缆和线束的外皮使用橙色加以区别（图1-18）。

图1-17　高压警示标志

图1-18　高压电缆和线束

（2）接地保护　接地保护指将电气设备的外露可导电部件直接或通过保护导体与车辆底盘相连接，从而进行等电位连接（图1-19）。等电位连接后，该设备外壳和车身地为相同电位，当该设备正极发生对外壳漏电故障，人员接触到该设备带电的外壳时，由于人体被等电位连接线短路，不会有危险的电流流过，可以避免电击。

（3）电气隔离　电气隔离指将电源与用电回路进行电气上的隔离（图1-20）。即将用电的分支电路与整个电气系统隔离，使之成为一个在电气上被隔离的、独立的不接地安全系统，以防止在裸露导体故障带电的情况下发生间接触电危险。

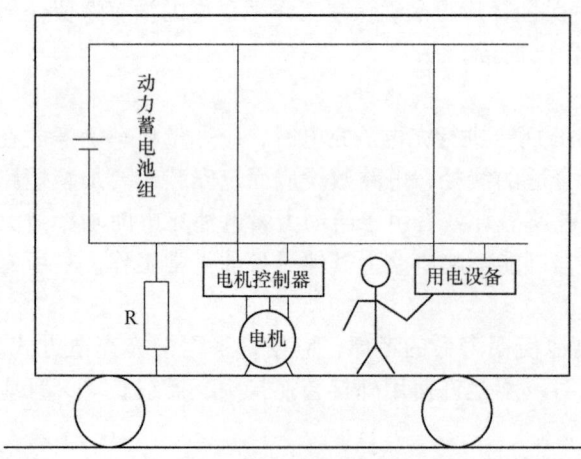

图1-19　等电位连接

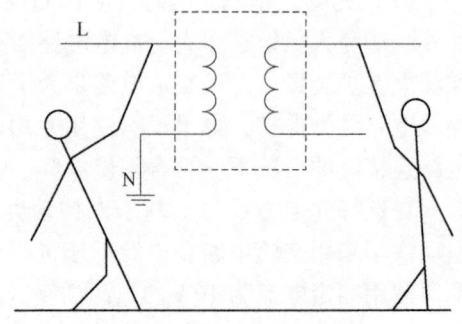

图1-20　电气隔离原理图

实行电气隔离时必须满足以下条件：

1）各分支电路单独使用一个隔离变压器。隔离变压器的耐压试验电压高于普通变压器，应符合Ⅱ级电工产品（双重绝缘或加强绝缘）的要求。

2）确保被隔离的两个电路之间相互绝缘，并确保两个电路能维持能量传输。

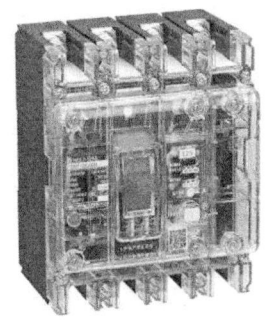

图1-21　自动断路设备

（4）自动断路设备　自动断路设备（图1-21）具备自动断路功能，其作用是当车辆出现某些特殊情况（如碰撞、绝缘不良、电路短路或断路、高压电气回路不连续等）时，在没有使用者干预的情况下将高压电气回路切断，以保护车内人员和电气系统安全。

1）碰撞监测及保护。

① 第一种方法。当汽车发生碰撞事故时，碰撞传感器向主控装置发送信号，主控装置接到信号后迅速切断动力电路，从而实现在电动汽车发生碰撞事故时的自动断开（图1-22）。

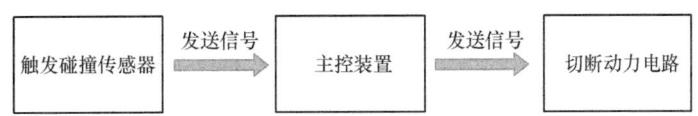

图1-22　碰撞监测及保护第一种方法

② 第二种方法。当汽车发生碰撞事故时，碰撞传感器发送信号，触发高压电气系统断路器工作，直接切断高压电源（图1-23）。

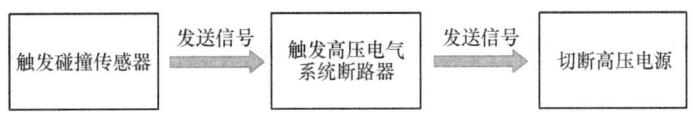

图1-23　碰撞监测及保护第二种方法

2）漏电监测装置。电动汽车的高压系统没有直接接地，多采用漏电监测装置检测电源系统正、负极母线对车身搭铁的电压来判断是否存在绝缘故障。图1-24所示为比亚迪电动汽车的漏电传感器，漏电传感器位于行李舱，在高压配电箱的下部，用于车上动力蓄电池组的漏电检测。当动力蓄电池组漏电时，传感器发出一个信号给蓄电池管理器，蓄电池管理器接到漏电信号后，进行相关保护操作并报警，防止动力蓄电池组的高压电外泄而对人或者是物品产生伤害或造成损

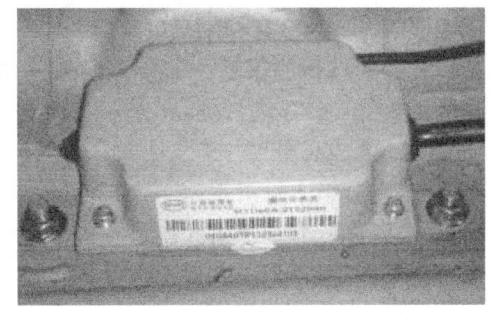

图1-24　比亚迪电动汽车的漏电传感器

失。蓄电池正、负极与车身绝缘电阻标准如下：$120 \sim 140 k\Omega$ 为一般漏电；小于 $20k\Omega$ 为严重漏电。

（5）手动断开装置　在电动汽车的装配、维护和维修的操作中，需要有手动断开电气回路的功能，保证在操作过程中人员可能接触到的电气设备上不带有危险电压，从而保护人员免受电击伤害。

手动断开装置一般设置于动力蓄电池系统中，最常见的是电动汽车维修开关（图1-25）。

在维修人员进行高压系统维护前断开维修开关，可使得高压输出端不带危险电压，从而防止人员误接触导致触电。

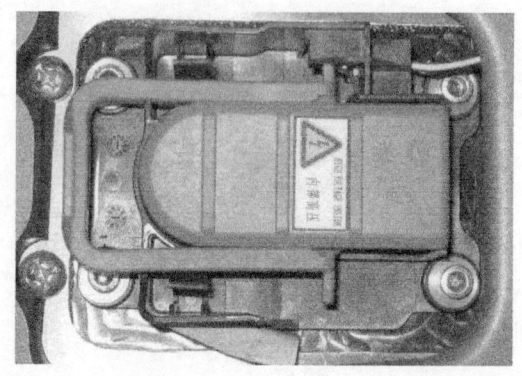

图 1-25　电动汽车维修开关

【制订实训计划】

1. 岗位任务

一辆大众迈腾轿车行驶里程为 30000km，车主反映该车前照灯出现故障，维修人员通过检查判断为电路系统故障，而查找故障点需要查阅该车的电路图，根据电路图制订检修计划。

2. 教师布置任务

熟悉电动汽车维护安全注意事项。

3. 小组制订计划

根据故障现象和任务要求，确定所需要的检测仪器、工具，并对小组成员进行合理分工，制订详细的诊断和修复计划。

（1）需要的检测仪器、工具　控制单元若干，工具车两辆，丰田轿车、大众轿车原厂电路资料，画图工具，纸张等。

（2）小组成员分工

1）小组分组，每组 4~6 名成员。

2）小组进行分工决策并制订任务实施计划，完成表 1-2 和表 1-3 的填写。

3）小组汇报计划，并根据教师的建议进行修改和完善。

表 1-2　小组成员分工决策

序号	操作人员	任　　务
1		
2		
3		
4		
5		

表1-3　任务实施计划

序号	工作步骤	使用工具	注意事项	操作人员
1				
2				
3				
4				
5				

【技能训练】

1. 电动汽车安全使用演练

（1）作业前现场环境检查

1）设立隔离柱，布置警戒线，隔离间距保持为 1 ~ 1.5m。

2）张贴标注"高压危险""有电危险""禁止合闸"等警示标牌，防止他人误碰。

3）检查维修工位绝缘地垫是否破损脏污。若破损脏污严重，则停止维修作业，及时清理或更换绝缘地垫。

（2）作业前防护用具检查

1）检查绝缘手套是否龟裂老化，气密性是否良好。

2）检查护目镜镜面是否有划痕裂纹，镜带是否松弛失效。

3）检查安全帽有无破损，佩戴时必须紧固锁扣。

4）检查绝缘鞋是否良好，是否有开胶断底等现象。如果有，则更换。

（3）作业前仪表工具检查

1）将维修工具车及工具放置在车辆左前方位置，检查三件套等防护物品是否齐全。

2）检查绝缘万用表测试线束及表笔是否破损折断，功能按钮是否正常。

3）检查绝缘工具外观绝缘层是否破损严重，工具数量是否准确。

4）检查放电工装测试线束及表笔是否破损折断，功能是否正常。

2. 高压系统维修步骤

1）切断车辆电源，将起动按钮置于 OFF 档。

2）戴好绝缘手套。

3）按照图 1-26 所示步骤拔下维修开关，并存放在规定的位置，等待5min。

4）检查高压系统并记录相关数据。在车辆上电时，应该通知正在检查、维修高压系统的人员。在检修时，做好高压系统的绝缘防护处理。

5）高压系统检修完成后检查拆卸或更换过的零部件，避免因检修后忘记恢复造成其他影响。

【实训工单】

第一环节：教师讲解并进行演示。

由辅导教师先讲解电动汽车安全使用规范。教师展示原厂资料，要求学生学会电动汽车的安全使用和检查作业。

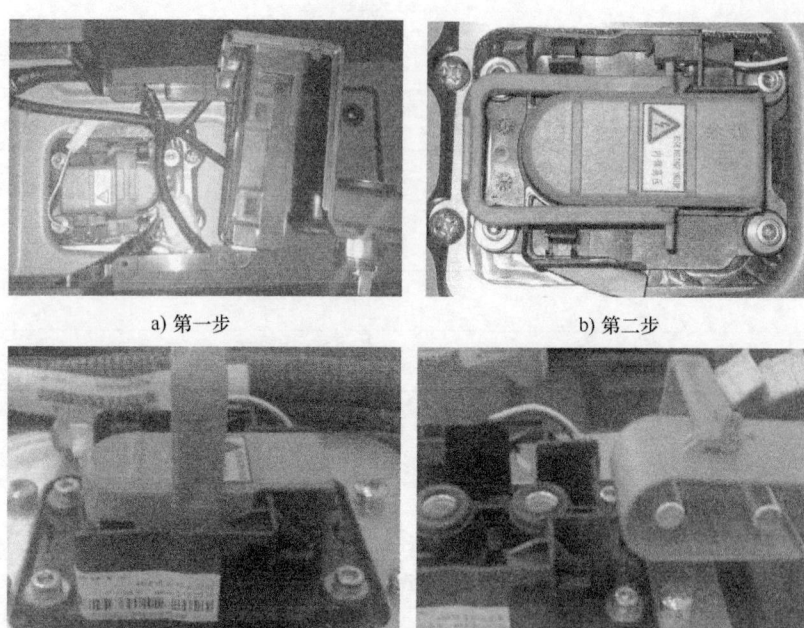

a) 第一步　　　　　　　　b) 第二步

c) 第三步　　　　　　　　d) 第四步

图1-26　维修开关切断步骤

第二环节：学生现场按照以下步骤实施任务。

1）维修作业前现场环境检查。

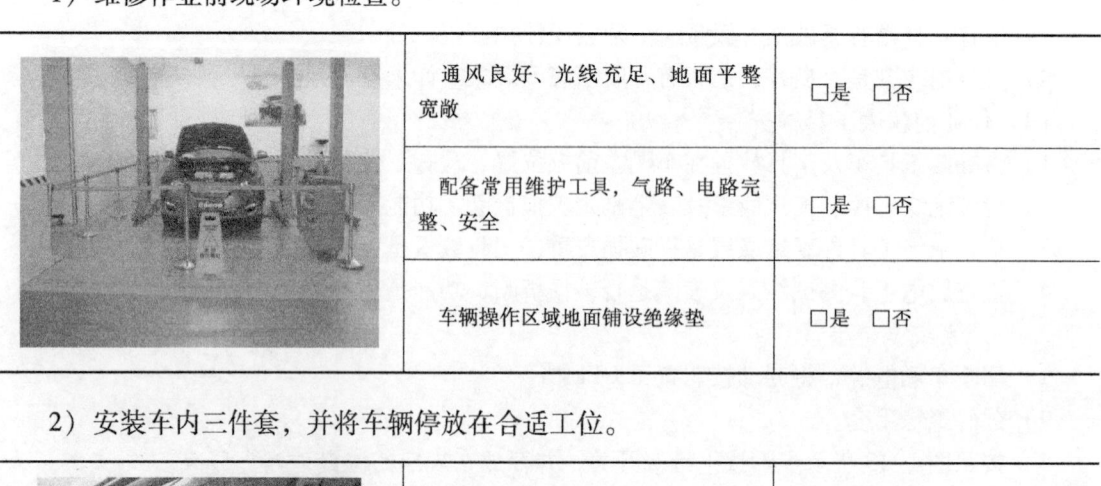

通风良好、光线充足、地面平整宽敞	□是　□否	
配备常用维护工具，气路、电路完整、安全	□是　□否	
车辆操作区域地面铺设绝缘垫	□是　□否	

2）安装车内三件套，并将车辆停放在合适工位。

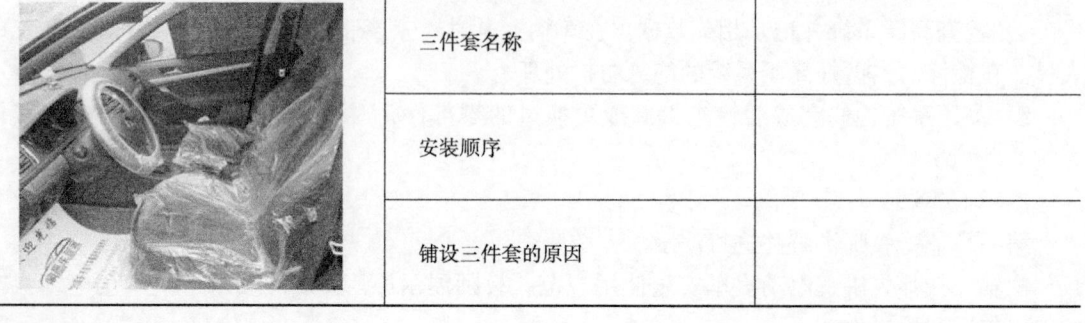

三件套名称	
安装顺序	
铺设三件套的原因	

3）检查驻车制动器手柄及变速杆位置。

	检查驻车制动器手柄的位置	□落下　□提起
	检查变速杆位置	□R 位　□N 位 □D 位　□E 位
	注意事项：	

4）检查蓄电池电量状态。

	仪表盘 "OK" 灯	□亮　□熄灭
	是否有故障灯亮	□是　　□否
	剩余电量	
	续驶里程	

5）检查驾驶室内部。

	灯光	□正常　□异常
	喇叭	□正常　□异常
	转向灯	□正常　□异常
	刮水器各档工作情况	□正常　□异常
	刮水器洗涤功能	□正常　□异常
	仪表指示灯	□正常　□异常
	安全带及锁止功能	□正常　□异常
	儿童锁功能	□正常　□异常
	车内灯光	□正常　□异常

检查结论：

6）检查机舱内部。

	机舱盖主锁位置	□驾驶室　□机舱盖下部
	蓄电池连接、电量等情况	□正常　□异常
	制动液的检查和加注	□正常　□异常
	动力转向液的检查和加注	□正常　□异常
	风窗洗涤液的检查和加注	□正常　□异常
	冷却液的检查和加注	□正常　□异常
	继电器盒情况	□正常　□异常
	真空助力泵情况	□正常　□异常
	防抱死制动系统（ABS）泵的管路	□正常　□异常

检查结论：

第三环节：任务实施完成后，各小组负责清理工具和量具等，清洁地面卫生。

【检验评估】

完成本任务，对任务进行评估，并将结果记录在表1-4中。

检查实施工单的填写情况，对学生的掌握情况进行评估。

1）各组汇报工作过程与过程中遇到的问题，并说明解决方法。

2）自评与互评。

3）教师点评、总结学生的参与度、学习态度、专业能力、关键能力。

4）教师填写学业评估表。

表1-4　学业评估表

评价内容	检验指标	分值	自评	互评	师评	总评
知识与技能（60分）	能叙述电动汽车安全操作要点	10分				
	能叙述高压系统维修要点	10分				
	能正确完成电动汽车的基本使用	20分				
	能正确完成维修开关的拆装工作	20分				
过程与方法（40分）	学习态度：主动参与学习，遵守纪律	10分				
	团队合作：与小组成员分工合作，在小组完成任务的过程中所起的作用较大	10分				
	方法能力：具备发现、分析、解决问题的方法与能力	10分				
	现场管理：服从工位安排、执行实训室5S管理规定	10分				
对学生的综合评价与建议						

任务1.3　电动汽车维护常用工具选用

【案例引入】

电动汽车上有低电压系统和高电压系统，其检测与维修必须使用专用工具。电动汽车有哪些常用的工具？每种工具的使用要点是什么？

【任务要求】

1）了解高压防护设备、高压测量设备的作用及防护等级，能正确使用。

2）正确使用绝缘万用表的功能按钮及开关档位，完成蓄电池电压测量。

学习参考

1. 高压保护用具

（1）绝缘手套　绝缘手套（图1-27）是一种用于带电作业的手套，可使人的两手与带电体绝缘，防止人手触及同一电位带电体或同时触及同一电位带电体或同时触及不同电位带电体而触电。

1）绝缘手套分类。根据所用原料不同，可分为天然橡胶绝缘手套（图1-28a）和合成橡胶绝缘手套（图1-28b）两种。

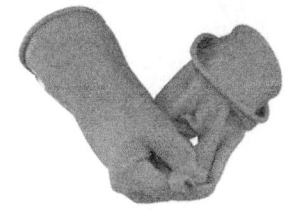
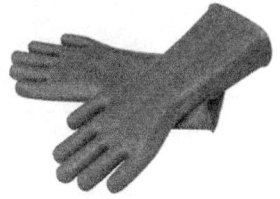

a) 天然橡胶绝缘手套　　　　b) 合成橡胶绝缘手套

图1-27　绝缘手套　　　　　　　　　　　图1-28　绝缘手套分类

2）绝缘手套标记。每只绝缘手套上必须有明显且持久的标记，如图1-29所示。标记的主要内容包括标记符号、使用电压等级/类别、制造单位或商标、规格型号、周期试验日期栏、检验合格印章、贴有经试验单位定期试验的合格证等。

3）绝缘手套等级。按照电压等级的不同，绝缘手套可分为6个级别，见表1-5。

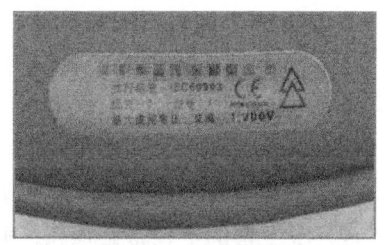

图1-29　绝缘手套标记

表1-5　绝缘手套等级

等级	试验验证电压（AC/DC）/kV	最低耐受电压/kV	最大泄漏电流/mA	最大使用电压（AC/DC）/kV
00	2.5/10	5	14	0.5/0.75
0	5/20	10	16	1/1.5
1	10/40	20	18	7.5/11.25
2	20/50	30	20	17/25.5
3	30/60	40	22	26.5/39.75
4	40/70	50	24	36/54

4）绝缘手套的使用要求。绝缘手套的检验周期为6个月。使用前，先检查绝缘手套是否完好，应无破损并在使用有效期内。定期检查其气密性，如果漏气则不能使用，而且在每次使用前必须自行检查是否泄漏。

①漏电电流检测。检验标准：高压绝缘手套试验电压为9kV，泄漏电流为9mA；低压绝缘手套试验电压为2.5kV，泄漏电流为5mA。

②气密性检查。具体方法：将手套从口部向上卷，稍用力将空气压至手掌及指头部分检查上述部位是否漏气（图1-30）。若漏气，则不能使用。

（2）护目镜　由于高压部件接触时会发出电弧光，其特点是温度高、亮度大，会对眼睛造成伤害。因此，维修人员在进行电动汽车作业中必须佩戴护目镜（图1-31）。安全要求：电动汽车维修用的护目镜应该具有侧面防护功能，以防止维修过程中产生的电火花对眼睛造成伤害。

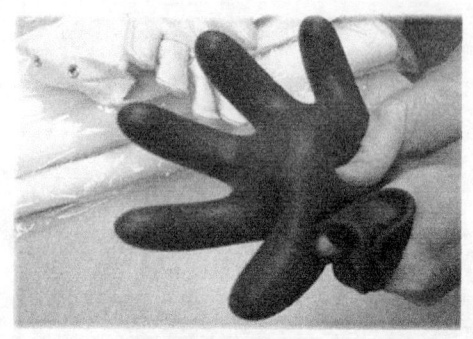
图 1-30　检查绝缘手套的气密性

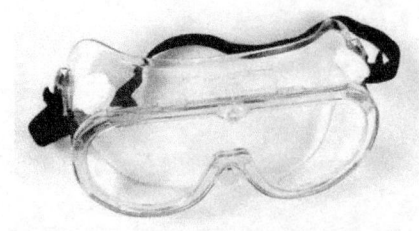
图 1-31　护目镜

（3）安全帽　安全帽（图 1-32）用于人员头部防护，能有效地防止和减轻操作人员在生产作业中遭受坠落物体撞击时对头部产生的伤害。

必须正确佩戴安全帽，否则不能起到安全防护的作用。安全帽的佩戴规范如下：

1）戴安全帽前应将帽后调整带按自己头型调整到适合的位置，然后将帽内弹性带系牢。

2）缓冲衬垫的松紧由带子调节，头顶和帽体内顶部的垂直距离一般在 25～50mm 之间，不小于 32mm 为好。

3）不要把安全帽歪戴，也不要把帽檐戴在头部后方。

4）安全帽的下颌带必须扣在颌下，并系牢，松紧要适度。

5）在现场作业中，不得将安全帽脱下搁置一旁，或当坐垫使用。

6）平时使用安全帽时，应保持整洁，不能接触火源，不要任意涂刷油漆。

（4）绝缘防护服　按照电动汽车维修标准规范，维修人员维修电动汽车高电压系统时必须穿绝缘防护服，如图 1-33 所示。绝缘防护服可防 10000V 以下电压，以保护操作人员工作安全。

（5）绝缘鞋　绝缘鞋（图 1-34）用于使人体与地面绝缘，防止电流通过人体与大地之间构成通路而对人体造成电击伤害。因为触电时电流是经接触点通过人体流入地面的，所以电气作业时不仅要戴绝缘手套，还要穿绝缘鞋。根据耐压范围，绝缘鞋的防护电压等级主要包括 20kV、6kV 和 5kV，使用时须根据作业范围选择对应等级的绝缘鞋。

图 1-32　安全帽

图 1-33　绝缘防护服

图 1-34　绝缘鞋

2. 高压检测工具

（1）绝缘维修工具　电动汽车维修需要使用绝缘工具，这样才能确保检修过程中的人身和设备安全。电动汽车常用的绝缘维修工具如图1-35所示。

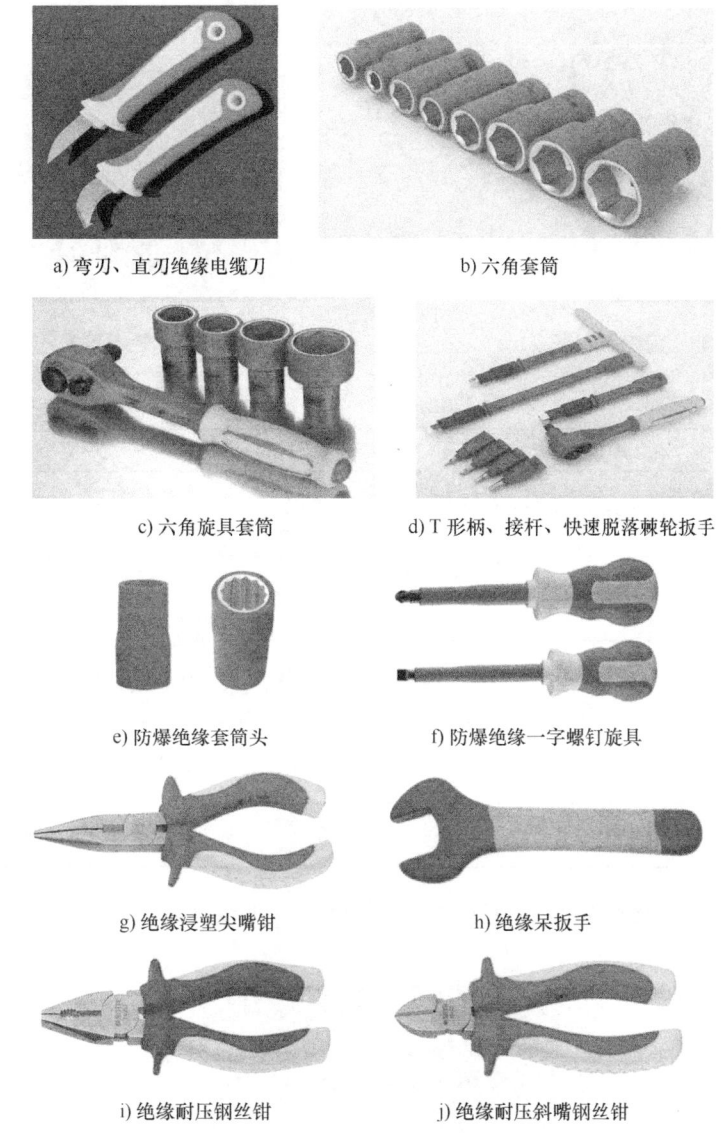

a) 弯刃、直刃绝缘电缆刀　　　　　　b) 六角套筒

c) 六角旋具套筒　　　　　　d) T形柄、接杆、快速脱落棘轮扳手

e) 防爆绝缘套筒头　　　　　　f) 防爆绝缘一字螺钉旋具

g) 绝缘浸塑尖嘴钳　　　　　　h) 绝缘呆扳手

i) 绝缘耐压钢丝钳　　　　　　j) 绝缘耐压斜嘴钢丝钳

图1-35　电动汽车常用的绝缘维修工具

（2）电动汽车专业检测设备　电动汽车的维修与燃油汽车有很大的区别。燃油汽车机械故障出现的频率较高，电动汽车维修更多地需要测试控制器和执行器的运行数据，根据数据来判断车辆故障原因。

1）绝缘万用表。由于纯电动汽车配备高压系统，高压线束必须具备一定的绝缘阻值才能保证用户及维修人员的人身安全。绝缘万用表（图1-36）用于测量电动汽车高压部件、线束等绝缘阻值是否达到标准，具备绝缘测试功能，且数值精度高。

a. 旋转开关。旋转开关如图1-37所示，各档位定义见表1-6。

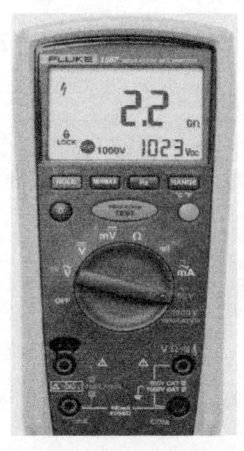

图 1-36 绝缘万用表

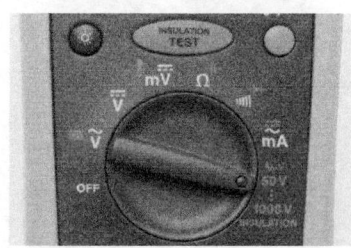

图 1-37 旋转开关

表 1-6 旋转开关各档位

开关档位	测试功能	开关档位	测试功能
$\widetilde{V}$	30mV ~1000V 的交流电压	)))))	通断性测试：＜25Ω 时打开，＞100Ω 时关闭
$\overline{V}$	1mV ~1000V 的直流电压	⊣⊢	二极管测试：超过 6.600V 线束 OL（Over Load）
$\overline{mV}$	0.1 ~600mV 的直流电流	$\widetilde{mA}$	测量交流和直流电流（mA）
⎸	温度范围：−40 ~537℃		电阻：0.01MΩ ~2GΩ
Ω	电阻：0.1Ω ~50MΩ	⊣⊦	电容：1nF ~9999μF

b. 功能按钮。功能按钮如图 1-38 所示，各按钮定义见表 1-7。

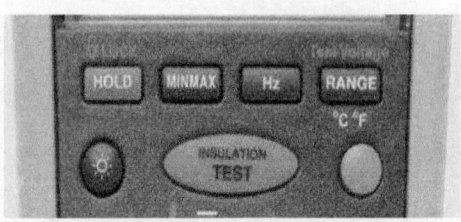

图 1-38 功能按钮

表 1-7 功能按钮定义

按　钮	描　述
HOLD	按下时将使显示值保持不变，再次按下时将释放显示值。当读数改变时，显示屏会自动更新，仪表发出蜂鸣声
MINMAX	按下该按钮将保留最大值、最小值和平均值。连续按下可显示最大值、最小值、平均值和当前值

（续）

按　钮	描　述
Hz	激活频率测量功能
RANGE	将量程模式从自动改为手动
INSULATION TEST	绝缘测试初始化

c. 输入端子。输入端子如图 1-39 所示，各输入端子定义见表 1-8。

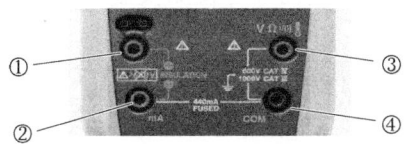

图 1-39　输入端子

表 1-8　输入端子定义

输入端子	描　述
①	用于绝缘测试的 + 输入端子
②	用于绝缘测试的 – 输入端子
③	电压、通断性、电阻、二极管、频率和温度测量的输入端子
④	用于绝缘测试以外的所有测量的公共端子

2）钳形电流表。钳形电流表由电流互感器和电流表组合而成，其各组成部分如图 1-40 所示。其测量原理：当捏紧扳手时，电流互感器的铁心张开，被测电流通过的导线可以不必切断就可穿过铁心张开的缺口；一旦放开扳手，电流互感器的铁心闭合，通有被测电流的导线就成为电流互感器的一次侧，在二次侧就会产生感应电流，该电流被送入整流系电流表进行测量。

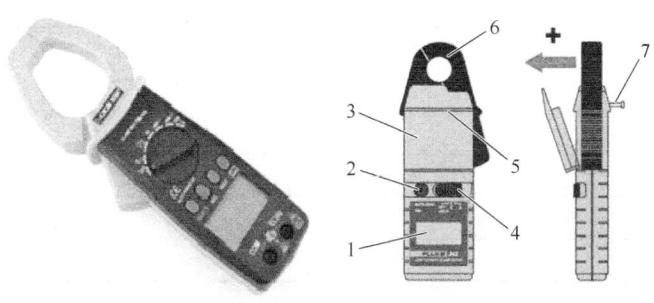

图 1-40　钳形电流表的结构

1—显示屏　2—清零按钮　3—电池盖　4—电源开关　5—安全挡板　6—钳子　7—电池盖螺钉

【制订实训计划】

1. 岗位任务

一辆比亚迪电动汽车行驶里程为 30000km，维修人员通过检查判断该车电源系统出现故障，必须通过专用检测工具读取相关数据。

2. 教师布置任务

电动汽车专用检测工具的使用。

3. 小组制订计划

根据故障现象和任务要求，确定所需要的检测仪器、工具，并对小组成员进行合理分工，制订详细的诊断和修复计划。

（1）需要的检测仪器、工具

1）电动汽车维护工具套装。

2）翼子板护裙、转向盘护套、变速杆护套、座椅护套和脚垫。

3）电动汽车维修手册。

4）电动汽车整车或实训台架。

（2）小组成员分工

1）小组分组，每组 4~6 名成员。

2）小组进行分工决策并制订任务实施计划，完成表 1-9 和表 1-10 的填写。

3）小组汇报计划，并根据教师的建议进行修改和完善。

表 1-9　小组成员分工决策

序号	操 作 人 员	任 务
1		
2		
3		
4		
5		

表 1-10　任务实施计划

序号	工作步骤	使用工具	注意事项	操作人员
1				
2				
3				
4				
5				

【技能训练】

1. 绝缘万用表使用训练

（1）电压、电阻测量　利用绝缘万用表测量电压、电阻，其使用方法与传统万用表一样。

测量前连接测试引线时，首先连接公共端（COM）测试引线，然后连接带电端（V/Ω）的引线。测量电压时，V/Ω 端表笔接正极，COM 端表笔接负极（图 1-41a）；测量电阻时，应先断开被测量元件的电源，万用表表笔接元件两端（图 1-41b）。

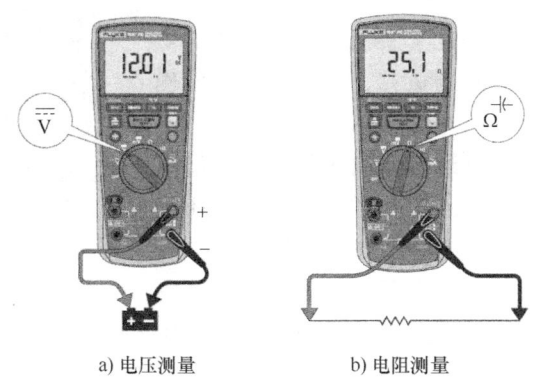

a) 电压测量   b) 电阻测量

图 1-41   电压、电阻的测量方法

（2）温度测量   在电动汽车维修过程中，可通过绝缘万用表测量动力蓄电池系统、驱动电机系统的温度数据。测量方法：将 80BK1 K 型热电偶探头分别连接到万用表 COM 端、V/Ω 端，将选档旋钮旋动至 $\overline{\overline{mV}}$，按下切换按钮 ⊙，即可测量元件温度（图 1-42）。

注意：为防止对仪表或其他设备造成损伤，请注意仪表的额定温度。为防止出现电击危险，请勿将热电偶连接到通电电路。

（3）通断性测量   通断性测量用于测量电路导通性。当电路导通（＜25Ω）时，蜂鸣器发出响声提示。测量方法：测量前连接测试引线时，首先连接公共端（COM）测试引线，然后连接带电端（V/Ω）的引线。测量导通时，应先断开被测量元件的电源，选择 ⁘)) 档，万用表表笔接元件两端（图 1- 43）。

注意：通断性测量一般只适用于汽车电路故障点定性分析推断，如果电路中存在虚接现象，蜂鸣器发出响声则可能导致误判。

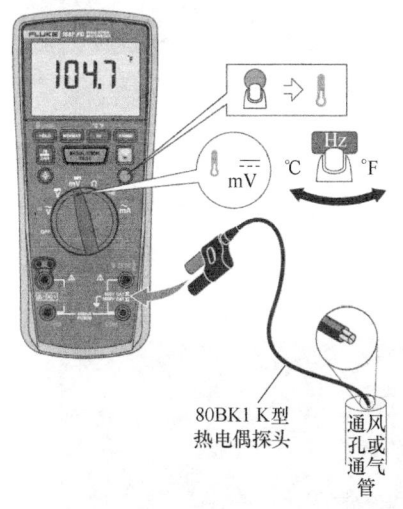

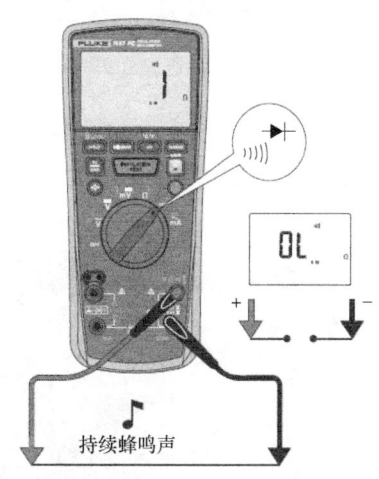

80BK1 K型
热电偶探头   通风孔或通气管

持续蜂鸣声

图 1-42   温度的测量方法   图 1-43   通断性的测量方法

（4）绝缘测量 如图1-44所示，参考以下步骤进行高压系统部件的绝缘性测试：

1）断开辅助蓄电池负极，确保绝缘，将待测电路断开。

2）将绝缘万用表档位开关置于直流电压档，正、负极测试探头/夹子分别置于右侧测量孔，测量所测部位确认无高压。

3）采用双线测量方式，将绝缘万用表正、负极测试探头/夹子拔出后重新置于左侧测量孔，档位开关置于绝缘测试档，点击 RANGE 按钮选择测试电源500V。

4）将绝缘万用表黑表笔接于车身或外壳，用红表笔逐个接触待测端子，点击 INSULATION TEST 按钮开始测量。

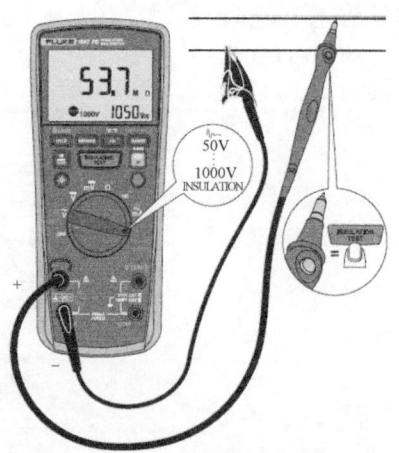

图1-44 绝缘的测量方法

5）测试完毕后，将绝缘万用表档位开关置于 OFF 位置，恢复、整理测试探头/夹子。

2. 钳形电流表使用训练

以蓄电池漏电流的测量为例，其操作步骤如下：

1）关闭点火开关（图1-45），确认车上所有用电设备处于关闭状态。

2）将钳形电流表选档旋钮置于直流档并观察读数（图1-46），读数应为零（若此时电流表读数非零，可能是由温度和其他环境条件导致，可使用自动清零按钮调到零点，此时钳口应处于闭合状态）。

图1-45 点火开关

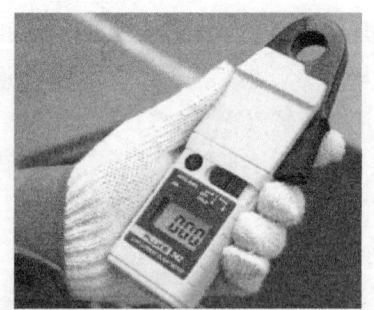

图1-46 选档并观察读数

3）将钳形电流表钳口套住辅助蓄电池负极与接地点导线（图1-47）（测量时须确保钳口的闭合面接触良好，且导线位于环形钳口中心点，否则会导致测量误差偏大）。

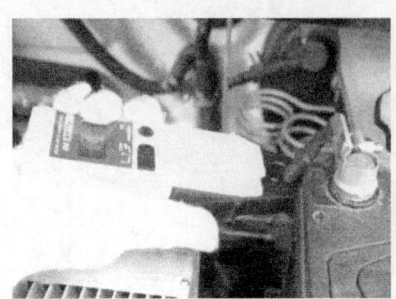

图1-47 套住被测的导线

4）观察显示屏测试数值（图1-48），电流会逐步下降，1min之后开始读数。

5）测试完毕后，关闭钳形电流表电源（图1-49），恢复归整仪表。

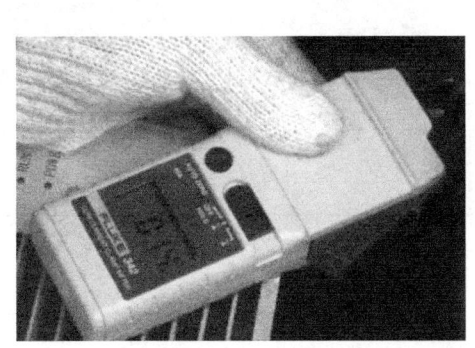

图1-48　显示屏显示测试数值

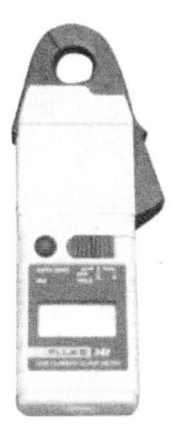

图1-49　关闭钳形电流表电源

【实训工单】

第一环节：教师讲解并进行演示。

由辅导教师先讲解电动汽车专用工具的使用方法。教师展示专用工具的操作要点，要求学生学会使用专用工具。

第二环节：学生现场按照以下步骤实施任务。

1）使用故障诊断仪读取车辆信息，并填写下表。

名　　称	测 量 结 果	测 量 标 准	处 理 方 法	备　　注
故障码				
数据流				
动力系统				
底盘系统				
电源系统				
能量管理系统				

2）穿戴高压安全防护设备。

① 准备高压安全防护穿戴设备。

请写出以下图片对应的设备名称

	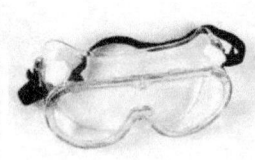		

② 穿戴高压安全防护用具。

图　　示	项　　目	作　　用
	戴好护目镜	
	戴好安全帽	
	戴好绝缘手套	

③ 使用万用表测量蓄电池电压，并记录数据。

图　　示	项　　目	记　　录
	万用表档位	

（续）

图　示	项　目	记　录
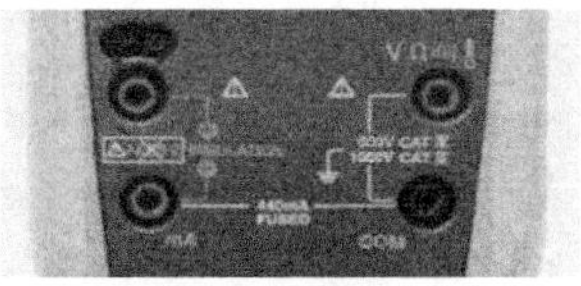	测试线插孔	
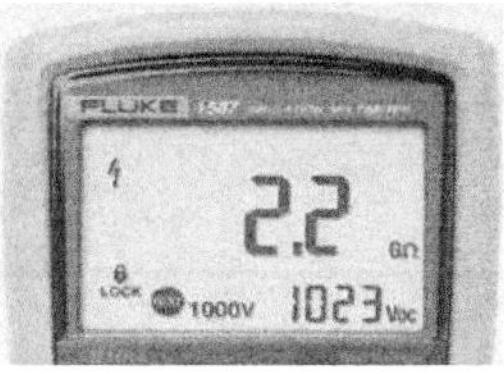	测量数据	

④ 检查绝缘手套的气密性。

图　示	项　目	结　果
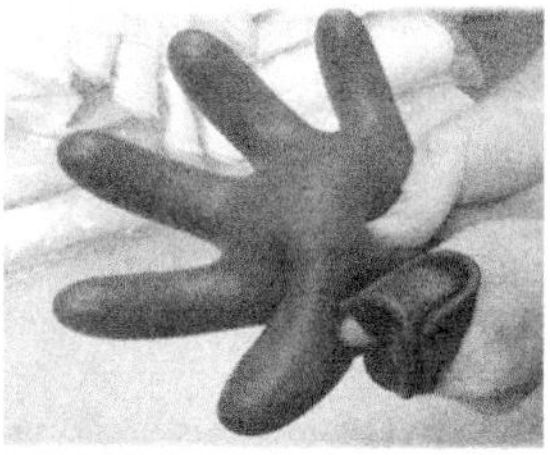	绝缘防护电压	
	漏电电流	
	气密性检查结果	□良好　　□漏气

第三环节：任务实施完成后，各小组负责清理工具和量具等，清洁地面卫生。

【检验评估】

通过进行电动汽车电路检查，对任务进行评估，并将结果记录在表1-11中。

检查任务实施工单的填写，对学生的掌握情况进行评估。

1）各组汇报工作过程与过程中遇到的问题，并说明解决方法。

2）自评与互评。

3）教师点评、总结学生的参与度、学习态度、专业能力、关键能力。

4）教师填写学业评估表。

表1-11　学业评估表

评价内容	检验指标	分值	自评	互评	师评	总评
知识与技能 （60分）	能叙述电动汽车常用的维护工具种类	10分				
	能叙述电动汽车常用的维护工具的作用	10分				
	能正确使用绝缘万用表	20分				
	能正确使用工具完成基本作业	20分				

（续）

评价内容	检验指标	分值	自评	互评	师评	总评
过程与方法（40分）	学习态度：主动参与学习，遵守纪律	10分				
	团队合作：与小组成员分工合作，在小组完成任务的过程中所起的作用较大	10分				
	方法能力：具备发现、分析、解决问题的方法与能力	10分				
	现场管理：服从工位安排、执行实训室5S管理规定	10分				
对学生的综合评价与建议						

任务1.4 电动汽车交付前检查

【案例引入】

某汽车4S店有一辆电动汽车准备交付给客户。电动汽车交付过程有什么内容和注意事项？

【任务要求】

1）能够掌握汽车维修接待的基本流程。

2）掌握规范接待的要求和技巧，获取客户信任、建立合作关系。

3）掌握专业的业务技能、良好的沟通能力，可以给出适当的维修建议。

学习参考

1. 交付前检查（PDI）的基本知识

（1）PDI的定义　交付前检查（Pre-Delivery Inspection，PDI）是指新车送交客户之前进行的全面检查。PDI是现代车辆交车体系的重要组成部分，该体系包括一系列在新车交付前需要完成的工作，其中大部分工作是由服务部门来完成的。服务部门必须严格执行新车PDI，以便使车辆按照标准要求交付给客户。

（2）PDI的意义　PDI是确保车辆质量状态的检查，目的是在厂商、运输商、汽车经销商和最终客户接收商品车时，双方共同发现商品是否存在缺陷问题，通过检查标准涵盖的工作和方法，避免售后时因缺陷问题认识不统一导致双方对问题的处理意见不能达成一致。

2. PDI服务的基本要求

1）供方在将汽车交给客户前，应保证整车完好。

2）供方应仔细检查汽车的外观，确保外观无划伤及外部装备齐全。

3）供方应仔细检查汽车内饰及装备，确保内饰清洁和装备完好。

4）供方应对汽车性能进行测试，确保汽车的安全性和动力性良好。

5）供方应保证汽车的辅助设备功能齐全。

6）供方应向客户介绍汽车的使用常识。

7）供方有责任向客户介绍汽车的装备、使用常识、维护常识、保修规定、保险常识、出险后的处理程序和注意事项。

8）供方应向客户提供24h服务热线及救援电话。

9）供方应随时解答客户在使用中所遇到的问题。

3. PDI 分级

（1）出库 PDI　商品车交付物流公司发运前进行的质量状态检查。

（2）接车 PDI　商品车送达经销商处，经销商进行车辆质量状态验收时的检查。

（3）销售 PDI　商品车交付最终客户前进行的车辆质量状态检查。

4. PDI 检查内容及方法

新能源汽车新车 PDI 的主要检查内容及方法见表 1-12。

表 1-12　新能源汽车 PDI 检查内容及方法

序号	检查内容	检查方法
1	购车发票	
2	车辆合格证	
3	三包服务卡	
4	车辆使用说明书	
5	铭牌	核对铭牌上的 VIN（车辆识别码）、出厂年月、发动机号等内容，合格证上的号码必须与车上的发动机号、VIN 一致
6	车身平整度	检查车身钢板、保险杠的平整度，不应该出现不正常的凹陷、凸起。车体防擦条及装饰线应平直，过渡处应圆滑，接口处缝隙一致
7	车身漆面	仔细查看各处漆面，尤其是一些容易在运输过程中被刮蹭的部位。车身漆面颜色应该协调、均匀、饱满、平整和光滑，无针孔、麻点、皱皮、鼓泡、流痕和划痕等，异色边界应分色清晰，同时应该确认没有经过补漆
8	车窗玻璃	检查玻璃有无损伤和划痕，重点检查前风窗玻璃的视觉效果。前风窗玻璃必须具有良好的透光性，不能出现气泡、折射率异常的区域
9	车身装配	检查机舱盖、行李舱盖、车门、油箱盖、前照灯、尾灯等处的缝隙是否均匀，同邻近位置的车身是否处于同一平面，有无错位等现象。检查各处开启、关闭时是否顺畅，声音是否正常，可以适当多开关几次。检查各处密封条是否完好、均匀、平整，各门把手或开关是否方便、可靠
10	轮胎部分	检查备胎与其他4个轮胎的规格和花纹等是否相同。查看轮胎是否完好，有无磨损，有无裂痕起泡现象。查看轮毂是否干净、完美，有无凹陷、划痕。还应该询问或者实测胎压，保证轮胎胎压正常且四轮胎压一致。胎压符合要求时，在车前观看车身、保险杠等对称部位离地高度应一致。还应该从侧面推、拉轮胎上侧，应感觉不松旷。如果是盘式制动器，还应该检查制动盘是否完好，不应有明显的磨损和污物
11	行李舱	检查行李舱空间是否干净、内侧衬板是否平整，如果是遥控开启或是车内开启方式的，应该同时检查开启是否顺利及上锁后是否可靠。一般都会把灭火器、随车工具、备胎放在车内，通常有衬板进行隔离，应该检查这些物品是否齐全、固定是否可靠

（续）

序号	检查内容	检查方法
12	机舱	打开机舱盖，查看动力总成及附件有无油污、灰尘。检查各种液面（冷却液、发动机机油、制动液、转向助力液、电解液、制冷剂、风窗洗涤液等）是否处于最高和最低刻度之间的正常值范围内。检查辅助蓄电池导线是否固定可靠，导线不能松动，否则将影响电路的可靠性
13	底盘部分	检查汽车有无（冷却液、润滑液、制动液、电解液及制冷剂）泄漏现象。检查机器各部位是否有漏油现象。如果发生泄漏，在车辆长时间停放的地面上、底盘上的一些管路和凸起处可以看到渗漏、油渍的痕迹。如果条件允许，应检查底盘是否有刮碰痕迹，以及管路是否有明显不合理的地方
14	洁净程度	检查车内各处的洁净程度，应该没有任何脏物，尤其是角落等处。同时应该检查所有饰面是否有破损的地方，如中控台、座椅、车顶、地板等
15	座椅	座椅表面应清洁、完好，乘坐时应该基本舒适，不应该感觉到座椅内有异物影响乘坐。如果座椅可以进行多方向调节，应该进行调节测试，必须能够达到各个方向的限位点，且调节过程中能够保持平顺、无异响。如果后部座椅可以进行折叠，应该检查折叠效果。如果座椅可以向后倾斜一定角度，应该进行角度的调节测试。如果头枕可调节，也应该调节检查
16	中控台	检查中控台各部分是否完整、按键是否可靠、表面是否整洁，不应该有划痕和污迹。带有遮阳板、化妆镜的可以一并检查。对于车内其他按键应在点火前进行初步检查，如中控门锁、窗、后排空调开关，转向盘上的转向、灯光等
17	储物空间	检查车内每一个储物空间的整洁度和开启、锁闭的可靠性。目前汽车的车内储物空间很多，尽量不要遗漏，如中控台部分的多个储物盒、车门、座椅下面和后面、前后中央扶手等处
18	安全带	仔细检查每一条安全带拉开、自动回收、锁止的可靠性，应该平稳顺畅。模拟并检查安全带在发生作用时的可靠性，即用手迅速地拉动安全带。对于高低可调的安全带，还应该进行调整测试
19	急速状况	起动时转速应平稳，无抖动和噪声。质量较好的汽车应该只能听到很小的噪声，且噪声不应该刺耳，同时应该感觉不到从转向盘、变速杆等处传到车内的抖动
20	仪表板	检查仪表板是否清晰、各指示灯及转速表、速度表、油表、冷却液温度表、里程表、时钟、电压表等是否正常。一些自检灯只在启动时闪几次，应留意。通常有 ABS、制动、车门开启、机油、制动片过薄、冷却液温度异常、油温异常、未系安全带、灯光、转向等多个指示灯，而其中大部分在正常行驶时应该是不亮的，一般应注意有红色警告灯亮时的情况。应该注意里程表，对于新车而言，行驶里程应该越少越好（场内移动过程中也会行驶一定距离）
21	转向盘	检查转向盘是否转动自如，自由行程是否过大，回轮后位置是否正确。如果是多向可调转向盘，还应该测试调节是否方便，是否在各个位置都能够很好地控制转向
22	变速器	变速器换档应轻便灵活，档位准确，不脱档、不乱档、无异响，连续换档时应该流畅

(续)

序号	检查内容	检查方法
23	制动踏板	操纵制动踏板时应该舒适、软硬适中,且行程应该适当、自由行程不应过长,在整个行程中应该平稳顺畅、无异响异动。行车制动行程应该适中,且效果可靠。制动踏板踩到底,保持1min,踏板不能有缓慢下移的现象
24	后视镜、车窗、天窗	应逐一检查后视镜、车窗、天窗,在开启、闭合的过程中应该自如、平稳、顺畅,不应该有明显的噪声。后视镜应该视野合理、成像清晰,两侧后视镜及中央后视镜经过调整后应该能够基本覆盖身后视野。车窗应该洁净、平整,视线清晰。带有天窗的,应该对天窗的滑动、开启、倾斜等进行检查。如果车窗、天窗带有一键式或防夹功能,应该在保证安全的条件下进行必要的测试。各项调节功能,尤其是电动调节功能必须都能够调节到最大限位处,带有后视镜折叠功能的需要测试折叠的可靠性。如果是带有记忆功能的高级轿车,还应该对记忆功能进行测试
25	灯光	依次检查各项灯光、示廓灯、近光灯、远光灯、雾灯、转向灯、制动灯、倒车灯、高位制动灯、仪表盘照明、车门灯、阅读灯、化妆灯、杂物箱照明灯、行李舱照明灯等,灯光应该明亮、稳定,开关应当可靠。对称安装的灯的类型、规格、充色及照射高度应一致,变换远、近光时,亮度及照射位置应正确,不偏离、散光,各种灯的安装及光度应符合厂家出厂要求
26	刮水器	检查各档位(慢速、间歇、快速、自动感应、多级可调)速度是否合理(不得在无水情况下使用刮水器,以免刮花风窗玻璃)、喷水系统是否工作正常。刮水器扫过玻璃时,应该基本没有刮玻璃的噪声,且扫水没有明显的遗漏
27	空调	空调系统出风正常,调整冷热后应该能够在一定时间内吹出冷热风。调整风口应该可以顺利关闭、开启或者转向指定角度,带风口开度调节的应同时测试开度。调整风的循环模式,如内外循环、除霜模式、出风模式等时,应可立刻给予响应,各风口的风量相应做出变更。出风口不应该吹出过多污物和异味,且在风量不是很大时,不应该有明显的风声。如果是自动空调,可以感觉温控功能是否可靠、准确。如果带有电辅助加热后视镜、后风窗、座椅,还应该进行通断及效果测试
28	音响/影像系统	检查卡带/收音机/CD运转时的效果(提车前应准备好卡带、CD),注意静电噪声、接收灵敏度、抗干扰能力(可以将手机放在旁边然后拨号)、音质、挑换光盘等是否正常、可靠。对于多喇叭系统,应该注意每个喇叭是否都能够正常发声,并通过调节音响的高低音、左右声道、前后音场、混音模式等进行进一步检查。如果是带有影视系统、导航系统的车型,还应该对这些系统进行逐一测试

学习工作页

【制订实训计划】

1. 岗位任务

一辆全新新能源汽车准备交付给客户,按照岗位目标要求完成新车PDI作业。

2. 教师布置任务

掌握电动汽车新车PDI的内容和步骤。

3. 小组制订计划

根据发动机类型和任务要求,确定所需要的技术资料,并对小组成员进行合理分工。

（1）需要的检测仪器、工具

1）电动汽车维护工具套装。

2）翼子板护裙、转向盘护套、变速杆护套、座椅护套和脚垫。

3）电动汽车维修手册。

4）电动汽车整车或实训台架。

（2）小组成员分工

1）小组分组，每组 4~6 名成员。

2）小组进行分工决策并制订任务实施计划，完成表 1-13 和表 1-14 的填写。

3）小组汇报计划，并根据教师的建议进行修改和完善。

表 1-13　小组成员分工决策

序号	操作人员	任　务
1		
2		
3		
4		
5		

表 1-14　任务实施计划

序号	工作步骤	使用工具	注意事项	操作人员
1				
2				
3				
4				
5				

【技能训练】

以比亚迪 e6 纯电动汽车为对象，进行新车 PDI 作业。

1. 外观检查

（1）机舱盖、后尾门的外观检查（图 1-50）

a) 机舱盖　　　　　　　　　　b) 后尾门

图 1-50　机舱盖、后尾门的外观检查

（2）四车门的外观检查（图1-51）

（3）前、后保险杠的外观检查（图1-52）

图1-51　四车门的外观检查

图1-52　前、后保险杠的外观检查

（4）前、后翼子板的外观检查（图1-53）

（5）充电口的检查（图1-54）

图1-53　前、后翼子板的外观检查

图1-54　充电口的检查

（6）灯饰装置的外观检查（图1-55）

图1-55　整车灯饰装置的外观检查

2. 内饰和功能检查（图1-56）

图1-56　内饰和功能检查

3. 机舱检查（图 1-57）

图 1-57 机舱检查

4. 仪表检查（图 1-58）

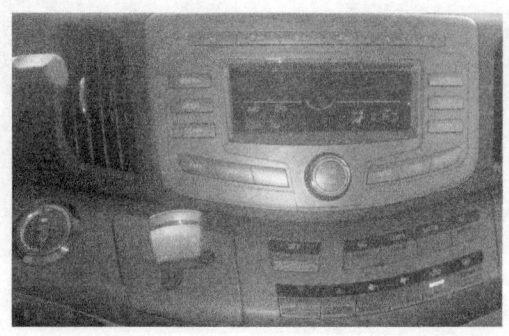

图 1-58 仪表检查

【实训工单】

第一环节：教师讲解并进行演示。

由辅导教师先讲解任务实施的内容和步骤。

第二环节：学生现场按照以下步骤实施任务。

1）学生现场观察检测设备使用过程，并指出注意事项。

2）学生根据教师的指导意见，按照已制定的任务实施步骤完成本任务，并完成纯电动汽车维修作业前车辆检查以及车辆防护，并记录信息。

① 作业前现场环境检查。

	作业内容：
	作业结果：

② 作业前防护用具检查。

	作业内容：
	作业结果：

③ 作业前实施车辆检查。

	作业内容：
 	作业结果：

新车交付前检查表

经销商名称：_____ 服务站名称：_____ 编　号：_____

车型名称：_____ 车型代码：_____ 车辆颜色：_____

车辆识别号：_____ 发动机号：_____ 交付日期：_____

检查、检验并执行下列操作，同时记下所有缺陷。按要求分别进行检修，必要时提出保修申请。

分类	检查项目	合格	不合格	备注
外部	清洗汽车的外部，检查是否漏水			
	检查车门、行李舱和油箱门的状况			
	备用轮胎气压/状况			
	标志与装饰			
	所有车外灯的操作			
	车身表面的形状和仪表板的校准			
	检查涂层有无擦伤和瑕疵			
	车身表面和造型			
	风窗玻璃清洗器和刮水刷的操作			
内部	座椅和座椅安全带的操作			
	安装并检查熔丝的情况			
	门锁和窗户的操作			
	车内灯的操作			
	开关的操作			
	电动遥控后视镜的操作			
	外部和内部装修的调整			
	倾斜转向盘的操作			
	儿童锁的操作			
机舱	蓄电池状况			
	线束配线的连接			
	电机控制器的连接			
	散热器冷却液的液位			
	风窗玻璃清洗液的液位			
	制动液液位			
	制动管线的连接			
	动力转向液的液位			
	传动带张力			
	电动机			
	空调正温度系数（PTC）加热器			
	高压控制盒			
汽车底部	制动系统软管和线路			
	变速器油位			
	传动轴防尘罩状况及系统紧固			
	动力转向系统线路和管路			
	全部转向系统紧固件			
	悬架状况			
	轮胎状况、气压			
	拧紧轮胎螺母			
	减振器状况			

（续）

分类	检查项目	合　格	不合格	备　注
路试	仪表板警告灯、ABS、气囊警告灯			
	仪表和点烟器的操作			
	制动踏板自由行程与操作			
	驻车制动器操作			
	加速踏板操作			
	自动变速器操作			
	空调操作			
	加热与通风装置操作			
	后窗玻璃除雾器			
	音响系统操作			
	喇叭操作			
	时钟操作			
	异常噪声与振动			
	变速器换档装置操作			
	转向操作（转向盘转到中心位置）			
	发动机性能及噪声			
	座椅安全带操作/锁定/调节器			
随车物品及卫生和缺陷检查	随车工具（千斤顶、轮胎扳手、工具袋）			
	随车手册（车主手册、质保手册、合格证、通信录）			
	随车备品（机油、滤芯）			
	车室内外卫生状况（细节可加备注）			
	由于运输引起的缺陷			
	以上未提及的其他方面的问题			

第三环节：任务实施完成后，各小组负责清理工具和量具等，清洁地面卫生。

【检验评估】

通过实际认知新车 PDI 的内容和要求，对任务进行评估，并将结果记录在表 1-15 中。

检查检修计划和任务实施工单，对学生的掌握情况进行评估。

1）各组汇报工作过程与过程中遇到的问题，并说明解决方法。

2）自评与互评。

3）教师点评、总结学生的参与度、学习态度、专业能力、关键能力。

4）教师填写学业评估表。

表 1-15　学业评估表

评价内容	检验指标	分值	自评	互评	师评	总评
知识与技能（60分）	能叙述新车 PDI 内容	10 分				
	能叙述新车 PDI 要点	10 分				
	能正确完成新车 PDI 作业	40 分				

（续）

评 价 内 容	检 验 指 标	分值	自评	互评	师评	总评
过程与方法 （40分）	学习态度：主动参与学习，遵守纪律	10分				
	团队合作：与小组成员分工合作，在小组完成任务的过程中所起的作用较大	10分				
	方法能力：具备发现、分析、解决问题的方法与能力	10分				
	现场管理：服从工位安排、执行实训室5S管理规定	10分				
对学生的综合评价与建议						

项目2

电动汽车基本使用

· ·
· ·
· ·

任务 2.1 电动汽车的驾驶操作

【案例引入】

某修理厂来了一辆电动汽车。在外观上，该电动汽车与传统燃油汽车没有明显的差异，但是电动汽车在驾驶方面与传统汽车是否一致呢？本任务将介绍电动汽车的基本操作步骤和使用注意事项。

【任务要求】

1）掌握电动汽车的基本操作要领。

2）掌握电动汽车的基本驾驶操作。

3）熟知电动汽车使用的安全注意事项。

学习参考

1. 电动汽车驾驶一般步骤

以吉利 EV300 电动汽车为例，其驾驶步骤如下（图 2-1）：

1）踩下制动踏板，按下启停按钮，仪表灯应亮。

2）观察组合仪表盘的"READY"灯状况，灯亮则表明车辆成功上电。

3）检查车辆电量表，确保电量充足。

4）踩下制动踏板，将变速杆换至 D 位，松开驻车制动器手柄，缓抬制动踏板，车辆行驶。

2. 电动汽车安全使用注意事项

（1）夏季使用注意事项

1）雨季行车前应做日常检查，检查内容主要包括蓄电池电量，刮水器、车辆空调除雾功能是否正常。

2）行驶速度尽量不要超过 60km/h；暴雨时尽量不要行驶，若一定要行驶，车速不应超过 20km/h。

3）雨季车辆发生故障无法行驶时，应靠路边停车，正确放置三角警告牌并等待救援，严

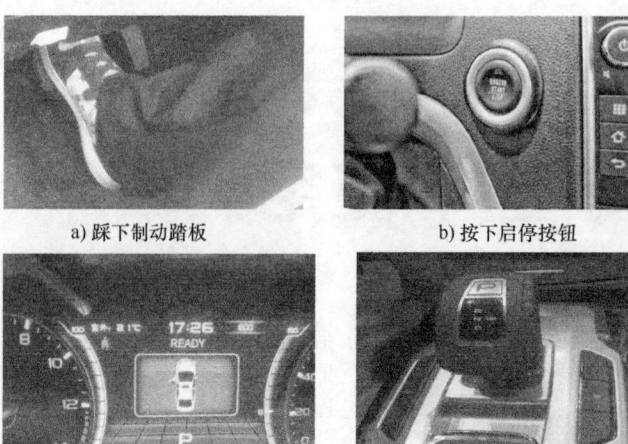

a) 踩下制动踏板　　　　　　　　b) 按下启停按钮

c) 上电成功　　　　　　　　　　d) 变速杆换至D

图 2-1　吉利 EV300 驾驶步骤

禁自行维修。

4）在泥泞路面上行驶时，不要急踩加速踏板，以免发生侧滑。

5）勿驶入深水中，以免发生漏电或短路等事故。

6）当车辆被积水浸泡时，不要继续行驶，应迅速断电并离开车辆，并尽量不要与车身金属接触，以免触电。

7）避免在高温下充电。考虑动力蓄电池的温度特性，车辆高速行驶后，夏季建议停放30min 后在阴凉、通风处进行充电。

8）当下暴雨或打雷时尽量不要充电。当车辆在露天或者地势较低的位置充电时，若开始下雨应终止充电，以免积水高度超过充电口发生短路。

9）避免车辆暴晒。将车辆停放在阴凉、通风处，以防车内温度过高，造成安全隐患。

（2）冬季使用注意事项

1）电动汽车在冬季低温条件下行驶后，建议及时充电，避免因长时间停驶导致动力蓄电池温度过低，造成用电浪费和充电延时。

2）当车辆充电时，建议尽量将车辆停放在避风、朝阳且温度较高的环境中。

3）充电时，预防雪水淋湿充电接口，更不要将充电插头直接暴露在雪水中，防止发生短路。

4）避免因冬季气温过低导致充电异常等情况的出现，建议在给车辆充电时先检查车辆充电是否开启。检查充电桩充电电流，若充电电流达到 12A 以上，说明充电已开启。

3. 停车充电

1）关闭汽车电源，连接充电接口，打开充电机电源和自动充电开关，在显示屏上设定电流后启动自动充电。

2）如果不能自动充电，需手动充电时，在连接充电接口后，打开车载显示屏后打开充电机前面板，设定最高电压为 420V，根据充电机导线线径大小设定电流，最大电流为 80A，关闭前面板，打开充电机电源和手动充电；观察显示电流和充电机的电流是否一致，若不一致，立即关闭总电源，再关闭充电机；若继续充电，在有一块蓄电池达到 3.6V 电压时，立即关闭总电源，关闭充电机。

4. 电动汽车存放

新能源汽车在存放过程中，应注意以下事项：

1）经常清洗尘土和检查新能源汽车外部，进行防锈和除锈处理。

2）停驶1个月以上时，应将车辆架起，解除前、后悬架及轮胎的负荷。

3）每月对动力蓄电池进行一次补充充电。

4）每月检查一次电气仪表、制动系统、转向系统等的动作情况；检查各轮胎气压，气压不足时应补充充气。

学习工作页

【制订实训计划】

1. 岗位任务

一辆电动汽车进入4S店，要求完成基本检查和试车作业。

2. 教师布置任务

电动汽车基本操作与驾驶作业。

3. 小组制订计划

请根据任务要求，确定所需要的技术资料，并对小组成员进行合理分工。

（1）需要的检测仪器、工具

1）电动汽车维护工具套装。

2）翼子板护裙、转向盘护套、变速杆护套、座椅护套和脚垫。

3）电动汽车维修手册。

4）电动汽车整车或实训台架。

（2）小组成员分工

1）小组分组，每组4~6名成员

2）小组进行分工决策并制订任务实施计划，完成表2-1和表2-2的填写。

3）小组汇报计划，并根据教师的建议进行修改和完善。

表2-1 小组成员分工决策

序号	操作人员	任　　务
1		
2		
3		
4		
5		

表2-2 任务实施计划

序号	工作步骤	使用工具	注意事项	操作人员
1				
2				
3				
4				
5				

【技能训练】

1. 新能源汽车基本操作

（1）出车前检查

1）在起动前需检查蓄电池电压是否在合理范围内。

2）ON 档至起动档的时间间隔在 3s 以上。

3）起动时档位必须在 P 位（停车档），脚踩住制动踏板，不准踩加速踏板（否则不能起动车辆）。

4）起动后检查仪表是否有故障警告灯亮，若有需及时处理。

5）起步时尽量缓速起动，避免加速度过大导致动力系统保护措施起动。

（2）行车途中检查

1）行驶中需经常注意蓄电池电压，电量表电量指示小于 30% 或静态蓄电池电压小于 303V 时需更换蓄电池。

2）正常行驶下电压表动态电压小于 280V 时故障灯亮起，或静置 10min 后电压表电压小于 300V（正常电压范围为 310～345V），需立即换蓄电池。

3）车辆行驶中闻到焦味时，需立即将车停靠路边进行检查，判断焦味来源，确认非车内异味后才可以继续行车。

4）行车中不可将手放在电子变速杆上，否则可能改变档位。

5）在行驶中仪表有声音报警时，应及时观察仪表，若有故障，将车停靠路边进行检查。

6）发现路上有积水时，需观察水深，未超过底盘高度 14cm 时，需低速通过，速度控制在 10km/h 以内。

7）坡道上起步时，应防止汽车"溜坡"。

（3）收车后检查

1）停车时应避免紧急制动，否则会加快车身部件磨损。

2）车辆停稳后需拉紧驻车制动器手柄，档位置于停车档。

3）驾驶人离开车内时必须将钥匙取下。

2. 驾驶操作实例

以比亚迪 e6 电动汽车为例，介绍其驾驶操作流程。

1）用遥控钥匙开门，如图 2-2 所示。

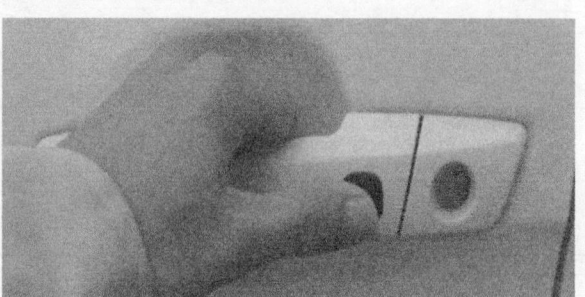

图 2-2　用遥控钥匙开门

2）踩下制动踏板（图 2-3），防止起动时车辆突然前冲。

3）按下起动按钮（图 2-4），完成全车上电。

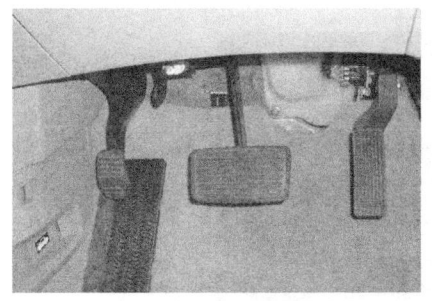

图 2-3　制动踏板

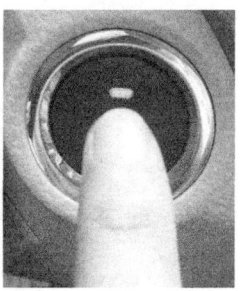

图 2-4　按下起动按钮

4）仪表盘显示"OK"绿灯（图2-5），车辆进入可以行驶状态。

5）将变速杆置于 D 位（图2-6），准备行驶。

图 2-5　仪表显示"OK"绿灯

图 2-6　变速杆置于 D 位

6）松开驻车制动器手柄，车辆起步前保持有效制动即可；松开制动踏板（图2-7），轻踩加速踏板即可行驶。

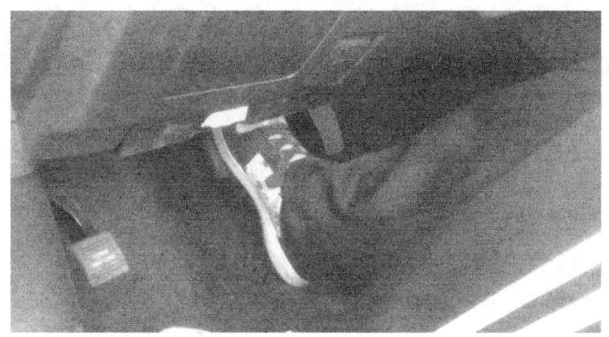

图 2-7　松开制动踏板

3. 识别仪表信息，填写仪表对应的功能（图2-8）

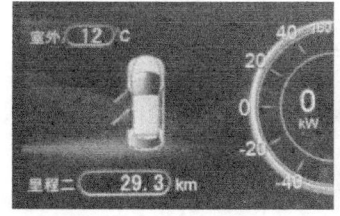

图 2-8　比亚迪电动汽车的仪表及符号

图 2-8　比亚迪电动汽车的仪表及符号（续）

【实训工单】

第一环节：教师讲解并进行演示。

由辅导教师先讲解电动汽车驾驶操作的内容。

第二环节：学生现场按照以下步骤实施任务。

1）电动汽车使用前的检查。

周围是否有障碍物	□是　□否
轮胎是否正常	□是　□否
车窗玻璃及后视镜工作是否正常	□是　□否
转向盘、座椅、安全带是否调整好	□是　□否
制动踏板和驻车制动器工作是否正常	□是　□否

2）起动车辆。

	钥匙开关初始档位
	起动时换档旋钮档位
	低压上电档位
	车辆起动档位

3）检查车辆电量状态。

 	仪表盘"READY"灯是否亮	□是　□否
	是否有故障灯亮	□是　□否
	剩余电量	
	续航里程	

4）挂档行驶。

	行驶时的档位	□R 档　□N 档　□D 档 □E 档
	驻车制动器的位置	□放下　□拉起
	起步转向灯	□左转向灯　□右转向灯
	制动踏板	□踩下　□释放

5）行驶一段距离后停车。

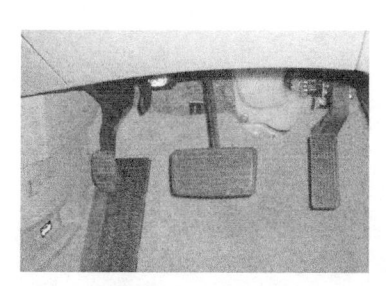	行驶时的档位	□R 档　□N 档　□D 档 □E 档
	驻车制动器的位置	□放下　□拉起
	起步转向灯	□左转向灯　□右转向灯
	制动踏板	□踩下　□释放

第三坏节：任务实施完成后，各小组负责清理工具和量具等，清洁地面卫生。

【检验评估】

完成本任务，对任务进行评估，并将结果记录在表2-3中。

检查检修计划和任务实施工单，对学生的掌握情况进行评估。

1）各组汇报工作过程与过程中遇到的问题，并说明解决方法。

2）自评与互评。

3）教师点评、总结学生的参与度、学习态度、专业能力、关键能力。

4）教师填写学业评估表。

表2-3 学业评估表

评价内容	检验指标	分值	自评	互评	师评	总评
知识与技能 （60分）	能叙述电动汽车基本操作内容	10分				
	能叙述电动汽车驾驶步骤	10分				
	能正确完成电动汽车上电操作	20分				
	能正确完成电动汽车上电检查作业	20分				
过程与方法 （40分）	学习态度：主动参与学习，遵守纪律	10分				
	团队合作：与小组成员分工合作，在小组完成任务的过程中所起的作用较大	10分				
	方法能力：具备发现、分析、解决问题的方法与能力	10分				
	现场管理：服从工位安排、执行实训室5S管理规定	10分				
对学生的综合评价与建议						

任务2.2 电动汽车的充电方法

【案例引入】

电动汽车的电能来源于动力蓄电池，当动力蓄电池电量不足时，如何进行充电？本任务介绍电动汽车充电方式、种类和操作步骤。

【任务要求】

1）熟悉电动汽车充电方法的种类划分。

2）熟悉电动汽车充电作业内容。

3）掌握电动汽车充电作业的步骤。

学习参考

1. 电动汽车充电基本知识

（1）充电方式 电动汽车有3种充电方式：家用交流充电、交流充电桩充电和直流充电桩充电。

1）家用交流充电。利用家用交流充电线（图2-9），将被充电车辆与家用220V/50Hz/16A 的单相三孔插座可靠地连接，并确保插座的地线与大地连接良好。

2）交流充电桩充电。利用交流充电桩（图2-10），用充电线将被充电车辆与厂商认可的交流充电桩按照操作说明可靠地连接，通过"插卡→输入密码→起动"等一系列操作完成充电作业。

图2-9　充电线

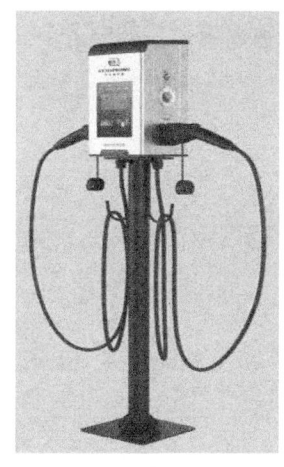

图2-10　交流充电桩

3）直流充电桩充电。利用直流充电桩（图2-11）配备的充电线，将待充电的车辆与直流充电桩可靠地连接，然后通过"插卡→输入密码→起动"等一系列操作进行充电作业。

（2）充电桩外部结构（图2-12）

（3）充电接口

1）交流充电接口如图2-13所示，其插头说明见表2-4。

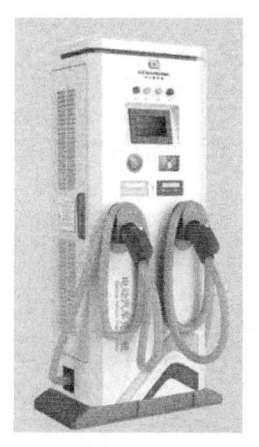

图2-11　直流充电桩

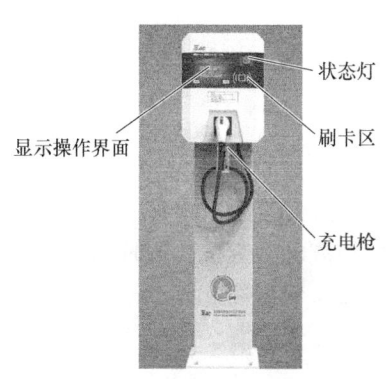

显示操作界面　状态灯　刷卡区　充电枪

图2-12　充电桩外部结构

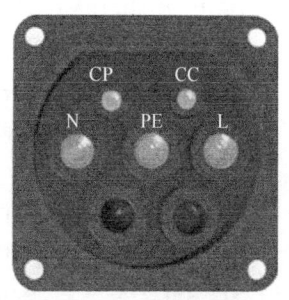

CP　CC　N　PE　L

图2-13　交流充电接口

表 2-4　交流充电接口的插头说明

端子编号	功能定义
CC	充电控制 1
CP	充电控制 2
N	交流电源零线
PE	保护接地，连接供电设备地线和车辆底盘搭铁线
L	交流电源相线

2）直流充电接口如图 2-14 所示，其插头说明见表 2-5。

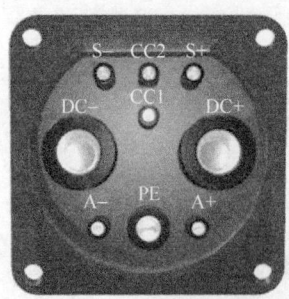

图 2-14　直流充电接口

表 2-5　直流充电接口的插头说明

端子编号/功能	功能定义
DC +	直流电源正
DC −	直流电源负
S +	充电通信 CAN_H
S −	充电通信 CAN_L
CC1	充电连接确认 1
CC2	充电连接确认 2
A +	低压辅助电源正
A −	低压辅助电源负
PE	保护接地，连接供电设备地线和车辆底盘搭铁线

2. 技术参数标准

输入交流电压：（220±22）V。

输出交流电压：（220±22）V。

输出最大电流：32A。

额定交流频率：50Hz。

绝缘电阻：500V 绝缘测试，其绝缘电阻≥300MΩ。

介质强度：承受 2kV（50Hz）交流电压测试，历时 1min，无击穿现象。

工作环境：−20～50℃，5%～95% 无凝露。

储存环境：−25～70℃，5%～95% 无凝露。

3. 电动汽车充电注意事项

以某新能源汽车为例进行介绍，如图 2-15 所示，当组合仪表中的电量表指针指向表盘中的红色区域时，表示动力蓄电池电量低，应尽快充电。建议客户在电量降至红色区域时及时充电，不建议在电量完全耗尽后才进行充电，否则会影响动力蓄电池的使用寿命。

应在蓄电池的合理工作范围内对车辆进行充电，交流充电情况下，当蓄电池温度高于50℃或低于﹣20℃时，或直流充电情况下，当蓄电池温度高于55℃或低于﹣10℃时，车辆将不能正常充电，需进行蓄电池降温或保温处理。

图2-15　电动汽车组合仪表（见彩插）

为了避免对充电设备造成破坏，需要注意以下事项：

1）不要在充电插座盖打开的状态下关闭充电口盖板。

2）不要用力拉或者扭转充电电缆。

3）不要撞击充电设备。

4）不要把充电设备放在靠近加热器或其他热源的位置。

当采用家用充电设备时，若遇到外部电网断电的情况，会自动开始充电，无须重新连接充电连接装置。充电时，车内应无人员停留，建议将车辆停放在通风处。当动力蓄电池电量充满后，系统会自动停止充电。停止充电时，应先断开交流充电连接装置的车辆插头，再断开电源端供电插头。当环境温度低于0℃时，充电时间比正常情况下的充电时间长，充电能力较低。动力蓄电池在搁置过程中会发生自放电现象，用户在搁置动力蓄电池时，应确保动力蓄电池是处于半电状态（电量为50%~60%）。建议用户搁置动力蓄电池的时间不要过长，最长不要超过3个月。

当车辆需要在短时间内快速充电，并有快速充电桩时，可以对车辆进行快速充电。快速充电可以在短时间内对电池包进行充电，但不建议使用快速充电将动力蓄电池充至满电状态或频繁使用快速充电，因为这可能会对动力蓄电池组的性能造成一定的影响。动力蓄电池的可用能量会随着使用时间的延长而逐步衰减，如果动力蓄电池的使用时间已经很长，充满电时其电量不会指示在100%附近。

学习工作页

【制订实训计划】

1. 岗位任务

一辆新能源汽车进入汽车4S店，要求完成电动汽车充电与检查作业。

2. 教师布置任务

完成新能源汽车的充电作业。

3. 小组制订计划

根据故障现象和任务要求，确定所需要的检测仪器、工具，并对小组成员进行合理分工，制订详细的诊断和修复计划。

（1）需要的检测仪器、工具

1）电动汽车维护工具套装。

2）翼子板护裙、转向盘护套、变速杆护套、座椅护套和脚垫。

3）电动汽车维修手册。

4）电动汽车整车或实训台架。

（2）小组成员分工

1）小组分组，每组 4~6 名成员。

2）小组进行分工决策并制订任务实施计划，完成表 2-6 和表 2-7 的填写。

3）小组汇报计划，并根据教师的建议进行修改和完善。

表 2-6　小组成员分工决策

序号	操作人员	任　务
1		
2		
3		
4		
5		

表 2-7　任务实施计划

序号	工作步骤	使用工具	注意事项	操作人员
1				
2				
3				
4				
5				

【技能训练】

电动汽车的充电流程如图 2-16 所示。

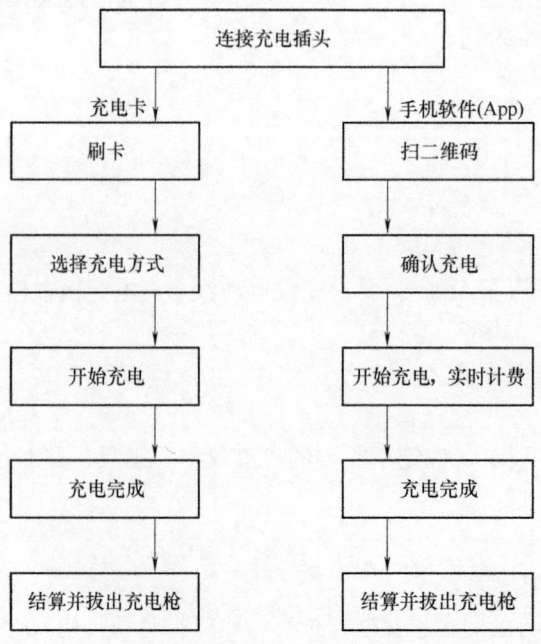

图 2-16　电动汽车的充电流程

1. 充电桩充电

1）打开充电桩电源口盖板，把电缆插到充电桩上（图2-17）。

2）把充电电缆插到车身充电口上（图2-18）。

图 2-17　连接充电电缆

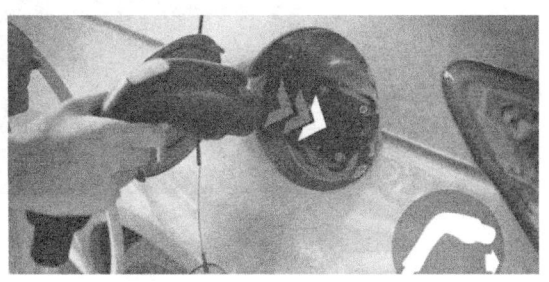

图 2-18　充电口连接充电电缆

3）选择刷卡或者手机扫描二维码的方式启动充电（图2-19）。

4）观察仪表显示，应处于充电状态（图2-20）。

图 2-19　启动充电

图 2-20　充电显示状态

5）充电完成，结算账单并拔下充电枪（图2-21）。

2. 预约充电

以比亚迪电动汽车为例，可设置定时器，从而制定动力蓄电池的充电开始和结束时间。设置成功后，连接充电器，车辆自动根据定时器设定的时间开始充电，每天都可以独立设置。预约充电的设置方法如下：

1）按下 设置 按键，可以直接进入预约充电设置界面，或者单击"设置"按键

图 2-21　充电结束

进入设置界面，点击触摸屏的预约充电进入预约充电设置界面。

2）首次进入预约充电界面显示"未预约充电时间"，星期一至星期日按键显示为灰色，为不可选状态，由于没有进行时间设置，保存预约按键也为灰色，不能操作，具体如图2-22所示。

3）单击触摸屏"时间设置"按键，进入时间设置界面，日期变成可选状态，"时间设

置"按键消失。时间设置为 24 小时制式,如图 2-23 所示。

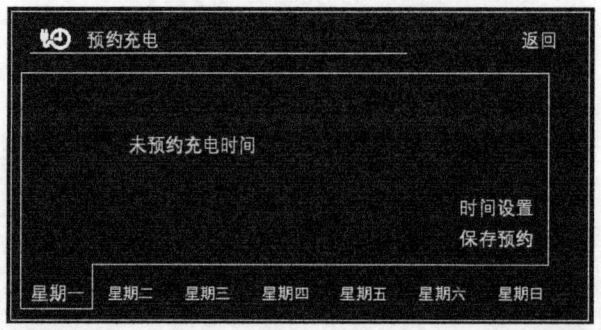

图 2-22　进入预约充电界面

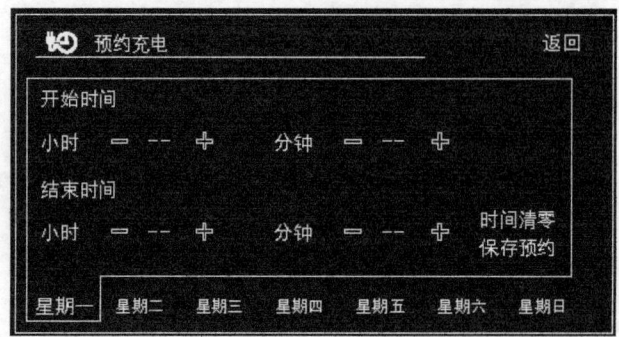

图 2-23　充电时间设置

4)进入时间设置界面,可以通过触摸屏单击"–""+"符号进行时间设置,完成充电开始时间的设置。小时从"00"到"23",分钟从"00"到"59"显示,如图 2-24 所示。利用"时间清零"按键可以对时间进行全部清零设置,方便用户操作。

5)完成预约时间设置后,单击"保存预约"按键,进入预约日期显示界面,如图 2-25 所示,此时可以通过"时间设置"按键更改当前设置的预约

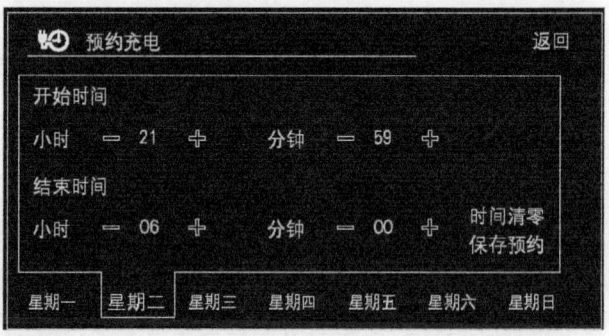

图 2-24　确定预约充电时长

时间,继续设置或保存,也可以选择其他日期进行设置。

【实训工单】

第一环节:教师讲解并进行演示。

教师讲解电动汽车充电的步骤,充电装置使用的方法,操作过程中的注意事项,对于关键的步骤进行现场演示。

第二环节:学生现场按照以下步骤实施任务。

1)按照标准技术要求,完成发电机非解体检测。

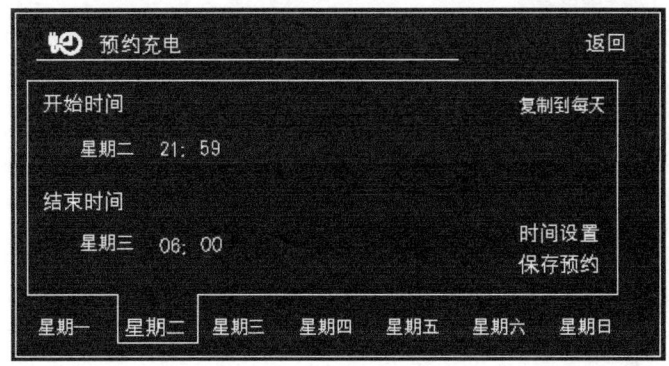

图 2-25 设置成功后保存

2）按照工作岗位技术要求，完成电动汽车充电作业，检测各元件。

完成纯电动汽车充电作业与防护，并记录信息。

1）作业前现场环境检查。

	作业内容：
	作业结果：

2）作业前防护用具检查。

	作业内容：
	作业结果：

3）作业前工具、仪表检查。

作业内容：

作业结果：

4）作业前车辆检查。

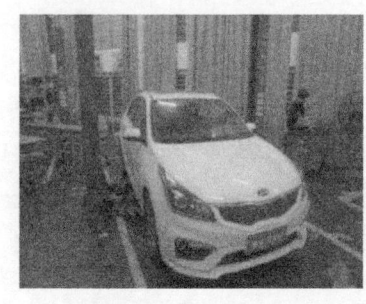

作业内容：

作业结果：

5）作业前充电桩工作状态检查。

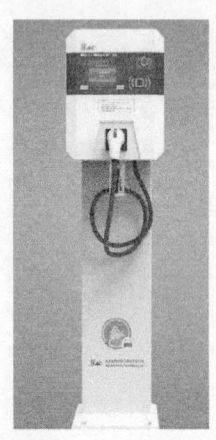

作业内容：

作业结果：

6）作业前充电线检查。

作业内容：
作业结果：

7）检查充电口盖开关状态。

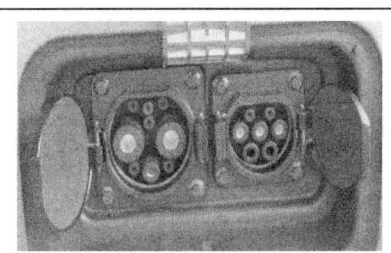

作业内容：
作业结果：

第三环节：任务实施完成后，各小组负责清理工具和量具等，清洁地面卫生。

【检验评估】

通过检修发电机，对任务进行评估，并将结果记录在表2-8中。

检查检修计划和任务实施工单，对学生的掌握情况进行评估。

1）各组汇报工作过程与过程中遇到的问题，并说明解决方法。

2）自评与互评。

3）教师点评、总结学生的参与度、学习态度、专业能力、关键能力。

4）教师填写学业评估表。

表2-8　学业评估表

评价内容	检验指标	分值	自评	互评	师评	总评
知识与技能 （60分）	能叙述电动汽车的充电作业步骤	10分				
	能叙述电动汽车的充电类型	10分				
	能正确完成电动汽车的交流充电	20分				
	能正确完成电动汽车的预约充电	20分				
过程与方法 （40分）	学习态度：主动参与学习，遵守纪律	10分				
	团队合作：与小组成员分工合作，在小组完成任务的过程中所起的作用较大	10分				
	方法能力：具备发现、分析、解决问题的方法与能力	10分				
	现场管理：服从工位安排、执行实训室5S管理规定	10分				
对学生的综合评价与建议						

项目3

电动汽车电驱动系统的检查与维护

····································
····································
····································
····································

任务 3.1　动力蓄电池的检查与维护

【案例引入】

某车主驾驶一辆吉利帝豪 EV450 电动汽车，在行驶过程中由于路面不平导致汽车底盘托底。该车主担心汽车的动力蓄电池损坏，所以将该车开入维修厂进行检查。维修人员建议对汽车的动力蓄电池进行详细检查以确定其技术状况是否良好。电动汽车动力蓄电池检查与维护的内容和要求有哪些？

【任务要求】

1）了解电动汽车动力蓄电池系统的结构及作用。

2）了解电动汽车动力蓄电池技术参数的含义。

3）了解电动汽车动力蓄电池的安全设计思路和安全策略。

4）掌握动力蓄电池的基本检查项目和内容。

学习参考

1. 动力蓄电池的基本知识

（1）动力蓄电池的分类　按蓄电池电解质种类的不同，可将蓄电池分为酸性电池、碱性电池、中性电池以及有机电解液电池等；按蓄电池正极和负极材料的不同，可将蓄电池分为锌系电池、镍系电池、铅系电池、锂系电池及金属空气（氧气）系列电池等。

（2）蓄电池的性能参数

1）电压。蓄电池的电压（端电压）是指其正极与负极之间的电位差，单位为 V。电压是蓄电池性能和状态的重要参数之一，可分为开路电压、放电电压、充电电压等。

① 开路电压。蓄电池未向外电路输出电流时的端电压。

② 放电电压。蓄电池向外输出电流时的端电压。

③ 充电电压。在充电电源对蓄电池进行充电时，蓄电池的端电压。

2）容量。蓄电池的容量是指在允许放电范围内所能输出的电量，包括理论容量、实际容量、比容量、i 小时放电率容量以及额定容量等。

① 理论容量。假设活性物质完全被利用，蓄电池可释放的容量。

② 实际容量。实际容量指蓄电池在一定的放电条件下实际放出的电量。它等于放电电流与放电时间的乘积。对于实用中的化学电源，其实际容量总是低于理论容量的，而通常比额定容量大 10% ~ 20%。

③ 比容量。比容量指单位质量或单位体积的蓄电池能给出的电量，相应的称之为质量比容量和体积比容量。

3）能量。蓄电池的能量是指在一定的放电条件下，蓄电池所输出的电能，分为理论能量、实际能量、比能量等。

① 理论能量。假设蓄电池在放电过程中始终处于平衡状态，其放电电压保持电动势的数值，而且活性物质的利用率为 100%，即放电容量等于理论容量，则在此条件下蓄电池输出的能量为理论能量，也就是可逆电池在恒温、恒压下所做的最大功。

② 实际能量。实际能量指蓄电池放电时实际输出的能量，它在数值上等于蓄电池实际容量与蓄电池平均工作电压的乘积。

③ 比能量。比能量分为质量比能量和体积比能量两种。质量比能量是指单位质量蓄电池能输出的能量，单位常用 $W \cdot h/kg$；体积比能量是指单位体积蓄电池能输出的能量，也称为能量密度，单位常用 $W \cdot h/L$。

4）功率。蓄电池的功率是指在规定的放电条件下，蓄电池单位时间所能输出的电能，包括比功率、功率密度。

① 比功率，即质量比功率，是指蓄电池单位质量所输出的功率，单位为 W/kg。蓄电池的比功率越大，汽车的加速能力和爬坡性能就越好，最高车速越高。

② 功率密度。即体积比功率，是指蓄电池单位体积所输出的功率，单位为 W/L。蓄电池功率密度越高，汽车的载质量和车内空间就越大。

5）寿命。蓄电池的寿命通常以使用时间或循环使用寿命来表示。

① 贮存寿命。贮存寿命分为干贮存寿命和湿贮存寿命，对于在使用过程中加入电解液的蓄电池的贮存寿命，习惯上称为干贮存寿命，干贮存寿命可以很长。对于出厂前已加入电解液的蓄电池的贮存寿命，习惯上称为湿贮存寿命。蓄电池湿贮存时自放电严重，贮存寿命较短。

② 使用寿命。使用寿命是指电池实际使用的时间。对一次电池而言，电池使用寿命是表征给出额定容量的工作时间。充放电循环寿命是衡量二次电池性能的一个重要参数，在一定的充放电制度下，电池容量降至某一规定值之前电池能耐受的充放电次数称为二次电池的循环寿命。

各种蓄电池的主要性能参数比较见表 3-1。

表 3-1　各种蓄电池的主要性能参数比较

电池种类	单格工作电压/V	比能量/（$W \cdot h/kg$）	月自放电率/（%）	循环使用寿命/次
铅酸蓄电池	2	30 ~ 50	5	200 ~ 300
镍镉蓄电池	1.2	45 ~ 80	20	1500
镍氢蓄电池	1.2	60 ~ 120	30	300 ~ 500
锂离子蓄电池	3.6	110 ~ 160	10	500 ~ 2000

（3）蓄电池常用术语

1）终止电压。终止电压是指充电或放电结束时的电压，分为充电终止电压和放电终止电压。

① 充电终止电压：蓄电池在充电结束（充足电）时，其充电电压已上升至极限，继续充电就将使蓄电池过充电，这个高限电压就称为充电终止电压。

② 放电终止电压：蓄电池在放完电时，其放电电压已下降至极限，继续放电将导致蓄电池过度放电，这个低限电压就称为放电终止电压。

2）i 小时放电率。i 小时放电率是指蓄电池以恒定的电流放电，以该恒定电流放电 i 小时，正好使蓄电池放电至终止电压（放完电）。

3）过充电。蓄电池已充足电后的充电即为过充电。此外，充电电流大于蓄电池充电可接受电流时，继续以该电流充电也属于过充电。

4）过放电。蓄电池已放电至终止电压（已放完电）后，继续放电即为过放电。

5）荷电状态。蓄电池的荷电状态（State of Charge，SOC）在数值上等于蓄电池剩余的容量与蓄电池额定容量的比值，用于描述蓄电池在充、放电过程中的存电状态。

6）放电深度。蓄电池的放电深度（Depth of Discharge，DOD）在数值上等于蓄电池已放出的电量与蓄电池额定容量的比值，用于描述蓄电池在放电过程中所达到的放电程度。

7）不一致性。不一致性是指蓄电池组中的各个蓄电池的电压、容量、内阻等存在差异。

8）均衡充电。均衡充电是针对有不一致性的蓄电池组进行的特殊充电方法，旨在减小或消除蓄电池组的不一致性。

2. 锂离子蓄电池的结构与工作原理

锂离子蓄电池是目前新能源汽车领域应用较广泛的充电电池。与其他类型的蓄电池比较，锂离子蓄电池具有电压高、比能量高、充放电寿命长、无记忆效应、无污染、充电快速、自放电率低、工作温度范围宽和安全可靠等优点。因此，大多数纯电动汽车采用锂离子蓄电池作为动力蓄电池。

（1）分类　按照锂离子蓄电池的外形形状可分为方形锂离子蓄电池和圆柱形锂离子蓄电池；按照锂离子蓄电池正极材料的不同，主要分为钴酸锂离子蓄电池、锰酸锂离子蓄电池、磷酸铁锂离子蓄电池、镍钴锂离子蓄电池和镍钴锰锂离子蓄电池。各类型锂离子蓄电池比较见表 3-2。

表 3-2　各类型锂离子蓄电池比较

性　　能	钴酸锂离子蓄电池	锰酸锂离子蓄电池	磷酸铁锂离子蓄电池	镍钴锰锂离子蓄电池（三元材料）
耐过充	不耐	耐	耐	不耐
氧化性	很强	一般	弱	强
过充极限	0.5C/6V	3C/10V	3C/10V	0.5C/6V
作为动力蓄电池的安全性	很不安全	安全性能好	安全性能好	不安全
安全容量	1Ah	10～30Ah	可达 100Ah	—
大功率能力	好	很好	一般	—
价格	昂贵	低廉	低廉	一般

（2）结构　锂离子蓄电池由正极、负极、隔板、防爆阀和外壳等组成，如图3-1所示。

（3）优点

1）工作电压高。锂离子蓄电池的工作电压为3.6V，为镍氢电池和镍镉电池工作电压的3倍。

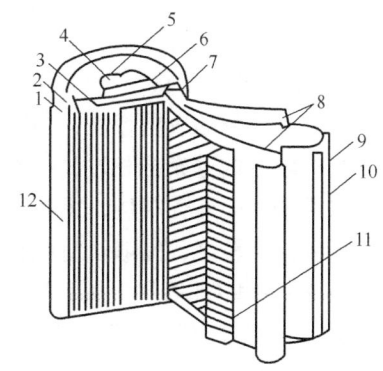

2）比能量高。锂离子蓄电池的比能量已达到150W·h/kg，为镍镉电池的3倍，镍氢电池的1.5倍。

3）循环寿命长。目前锂离子蓄电池的循环寿命已达到1000次以上，在低放电深度下可达几万次，超过了多种二次电池。

4）自放电率低。锂离子蓄电池月自放电率仅为6%～8%，远低于镍镉电池的25%～30%和镍氢电池的15%～20%。

5）无记忆性。可以根据要求随时充电，而不会降低蓄电池性能。

6）对环境污染小。锂离子蓄电池中的有害物质较少，对环境的污染小。

图3-1　锂离子蓄电池的结构
1—绝缘体　2—垫圈　3—PTC元件
4—正极端子　5—排气孔　6—防爆阀
7—正极引线　8—隔板　9—负极
10—负极引线　11—正极　12—外壳

7）能够制造成任意形状。

（4）锂离子蓄电池的工作原理　锂离子蓄电池的正极材料采用锂化合物 $LiCoO_2$、$LiNiO_2$ 或 $LiMn_2O_4$，负极材料采用锂-碳层间化合物 Li_xC_6，电解液为有机溶液。典型的蓄电池体系为

$$(-)C \mid LiPF_6 - EC + DEC \mid LiCoO_2(+)$$

式中，EC为碳酸乙烯酯，DEC为碳酸二乙酯。

锂离子蓄电池的工作原理如图3-2所示。蓄电池充电时，锂离子从正极材料的晶格中脱出，通过电解液和隔膜，嵌入到负极中；蓄电池放电时，锂离子从负极脱出，通过电解液和隔膜，嵌入到正极材料晶格中。

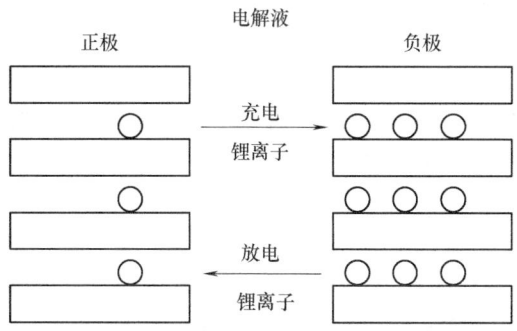

图3-2　锂离子蓄电池的工作原理

3. 镍氢电池的结构与工作原理

镍氢电池属于碱性电池，其标称电压为1.2V，比能量可达到70～80W·h/kg，比功率可达到200W/kg。

（1）结构　镍氢电池的正极是由球状氢氧化镍粉末与添加剂钴等金属、塑料和黏合剂等

制成的涂膏，涂在正极板上经过干燥处理成为发泡的氢氧化镍正极板。镍氢电池负极的关键技术是储氢合金，要求储氢合金能够稳定地经受反复的储气和放气循环。电解质是水溶性氢氧化钾和氢氧化锂的混合物。

（2）镍氢电池的特点

1）具有高倍率的放电特性，短时间可3C（以30A电流）放电，瞬时脉冲放电率很大。

2）具有较好的过充电和过放电性能，能够带电充电，可快速充电。

3）采用全封闭外壳结构，可在真空环境中正常工作。

4）低温性能较好，能够长时间存放。

5）不含Pb和Cd等重金属元素，不会对环境造成污染。

6）无"记忆效应"，可随充随放。

（3）工作原理　镍氢电池的正极是活性物质氢氧化镍，负极是储氢合金，用氢氧化钾作为电解质，在正、负极之间有隔膜，共同组成镍氢单格电池。在金属铂的催化作用下，完成充电和放电的可逆反应，如图3-3所示。镍氢电池工作过程的电化学反应如下：

$$2NiOOH + KOH + H_2 \rightleftharpoons Ni(OH)_2 + KOH + Ni(OH)$$

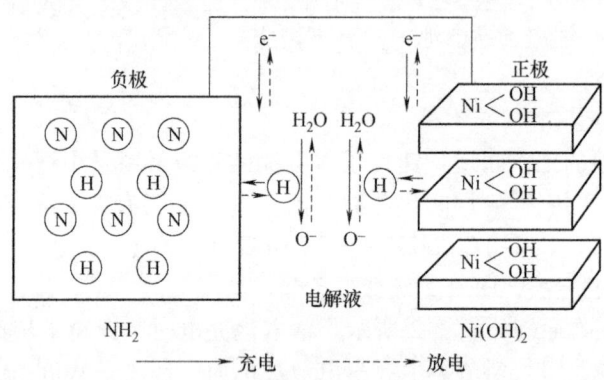

图3-3　镍氢电池的工作原理

4. 电源管理系统的认知

（1）动力蓄电池模组　动力蓄电池模组是由多个蓄电池模块串联组成的一个组合体。蓄电池模块由若干个单体蓄电池并联而成，该组合的额定电压与蓄电池单体的额定电压相等，是蓄电池单体在物理结构和电路上连接起来的最小分组，可作为一个单元替换。单体蓄电池（也称电芯）是构成动力蓄电池模块的最小单元。

以东风悦达起亚华骐电动汽车动力蓄电池系统为例，如图3-4所示，该动力蓄电池组采用三元锂电池，规格为320V/111Ah/35.6kW·h，组成包括264个单体蓄电池/22个模块，额定功率为90kW，其尺寸为1898mm×975mm×221mm。

（2）动力蓄电池箱　动力蓄电池箱用来支撑、固定、包围电池系统的组件，主要包含上盖和下托盘，还有过渡件、护板、螺栓等辅助器件。

以比亚迪电动汽车为例，其电池箱体用螺栓连接在车身地板下方，其防护等级为IP67，螺栓拧紧力矩为80~100N·m。整车维护时需观察蓄电池箱体螺栓是否松动、蓄电池箱体是否破损严重变形、密封法兰是否完整，确保动力蓄电池可以正常工作。

（3）蓄电池管理系统（BMS）　蓄电池管理系统（BMS）是电动汽车动力蓄电池组的控制

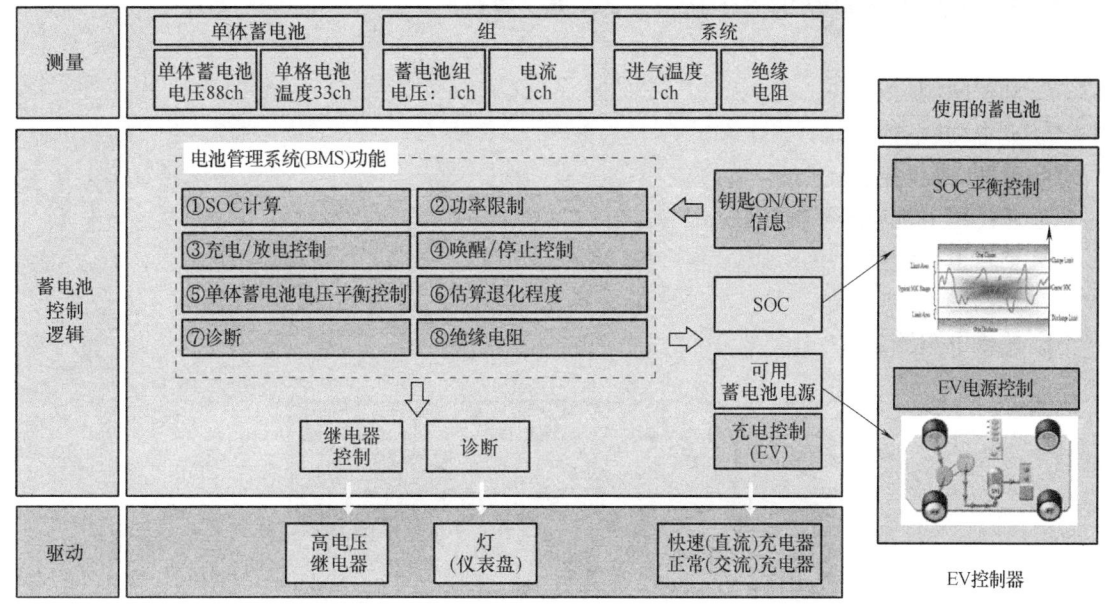

图 3-4 华骐电动汽车动力蓄电池管理系统结构示意图

核心部件，其主要作用包括：

1）保证蓄电池安全可靠地使用。

2）充分发挥蓄电池的能力和延长使用寿命。

3）作为蓄电池和整车控制器以及驾驶人沟通的桥梁，通过控制接触器控制动力蓄电池组的充放电，并向整车控制器（VCU）上报动力蓄电池系统的基本参数。

BMS 的组成按性质可分为硬件和软件。BMS 的硬件包括数据采集模块、主控模块、从控模块、通信模块、均衡模块、人机接口模块、故障诊断模块等，如图 3-5 所示；软件用来监测蓄电池的电压、电流、SOC 值、绝缘电阻值、温度值，通过与 VCU、充电机的通信，来控制动力蓄电池系统的充放电。

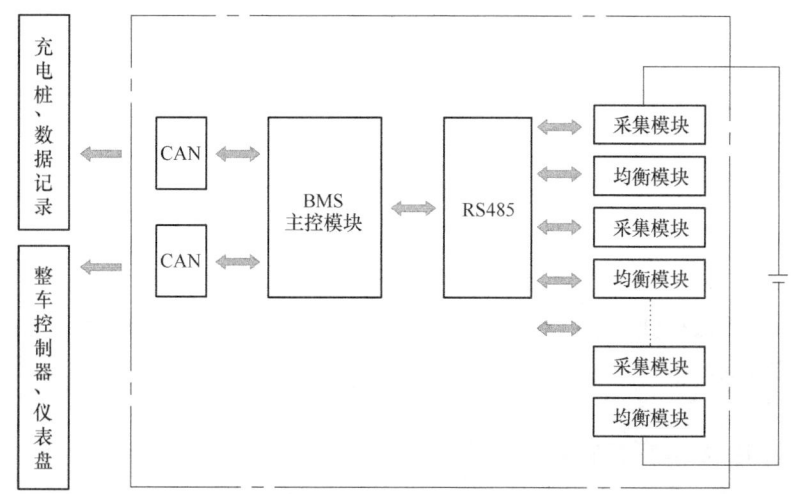

图 3-5 BMS 的硬件结构

BMS 的控制功能模块如图 3-6 所示，其功能主要包括：

① SOC 计算。

② 功率限制。

③ 充电/放电控制。

④ 唤醒/停止控制。

⑤ 单体蓄电池电压平衡控制。

⑥ 估算退化程度。

⑦ 诊断。

⑧ 绝缘电阻测量。

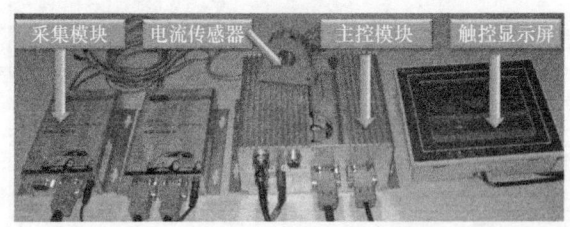

图 3-6   BMS 的控制功能模块

（4）辅助元器件　辅助元器件（图 3-7）包括动力蓄电池系统内部的电子电器元件，如熔断器、继电器、分流器、接插件、紧急开关、烟雾传感器等，还包括维修开关以及电子电器元件以外的辅助元器件，如密封条、绝缘材料等。

 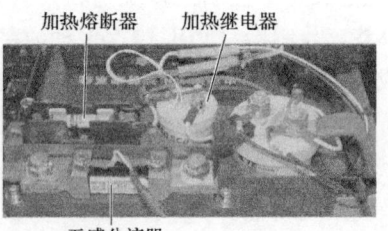

图 3-7   动力蓄电池组辅助元器件

【制订实训计划】

1. 岗位任务

一辆电动汽车无法行驶，进厂维修。维修人员初步判断为动力蓄电池系统故障，但需要通过检测确认故障点。

2. 教师布置任务

动力蓄电池组的基本检查作业。

3. 小组制订计划

根据故障现象和任务要求，确定所需要的检测仪器、工具，并对小组成员进行合理分工，制订详细的诊断和修复计划。

（1）需要的检测仪器、工具

1）电动汽车维护工具套装。

2）翼子板护裙、转向盘护套、变速杆护套、座椅护套和脚垫。

3）电动汽车维修手册。

4）电动汽车整车或实训台架。

（2）小组成员分工

1）小组分组，每组 4~6 名成员。

2）小组进行分工决策并制订任务实施计划，完成表 3-3 和表 3-4 的填写。

3）小组汇报计划，并根据教师建议进行修改和完善。

表 3-3　小组成员分工决策

序号	操作人员	任务
1		
2		
3		
4		
5		

表 3-4　任务实施计划

序号	工作步骤	使用工具	注意事项	操作人员
1				
2				
3				
4				
5				

【技能训练】

1. 动力蓄电池的基本认知

以东风悦达起亚华骐电动汽车为例认识动力蓄电池组的基本结构，如图 3-8 所示。

1）在实车上找到图 3-8 所示的动力蓄电池组的位置。

2）在图 3-9 括号中填写各部件名称。

2. 动力蓄电池的基本检查

（1）外观检查　检查步骤如下：

1）将电动汽车钥匙置于 OFF 档，断开辅助蓄电池负极电缆和电动汽车动力蓄电池维修开关。

2）用万用表测量动力蓄电池电压，若电压大于 0，则使用放电工装进行放电。

3）利用举升机举升待检查车辆，如图 3-10 所示。

4）用干净抹布清洁动力蓄电池外表面，检查动力蓄电池外观是否正常。

5）依次检查动力蓄电池上盖、下托盘、标识、正极引出线附近螺栓、负极引出线附近螺栓、采样接口是否正常。

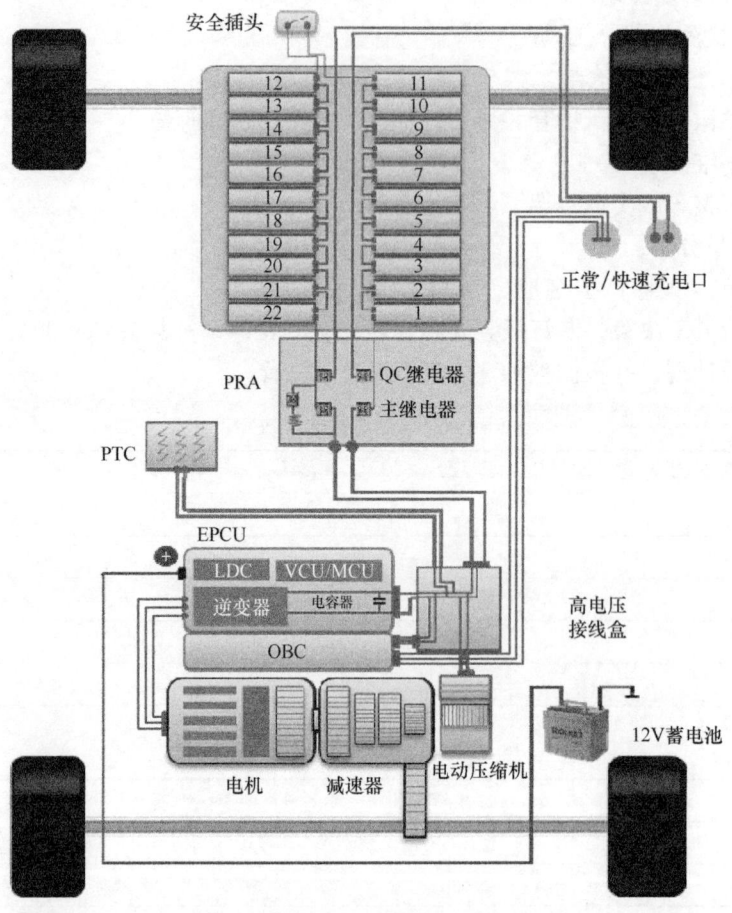

图3-8 华骐电动汽车电源系统

QC继电器—快速充电继电器　PRA—电源继电器总成　PTC—空调暖风系统　EPCU—综合电力控制装置
OBC—车载充电机　VCU/MCU—整车控制器/电机控制器　LDC—电压转换器

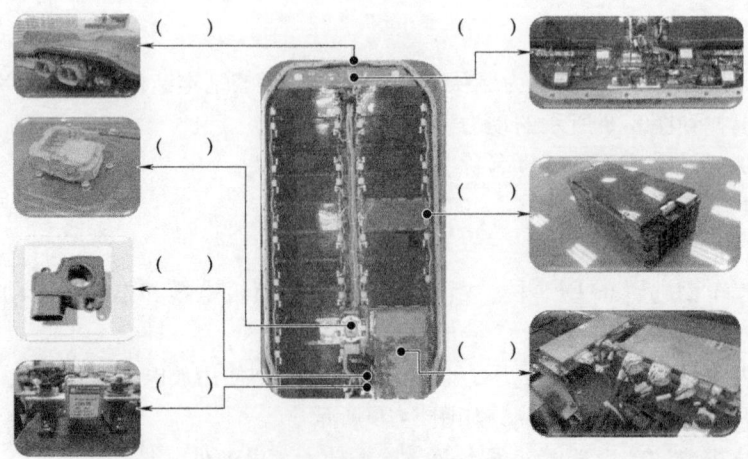

图3-9 电动汽车电源系统组成元件

（2）检查动力蓄电池螺栓的紧固程度　为确保动力蓄电池紧固安装在车架上，须检查动力蓄电池螺栓的紧固程度是否符合厂家标准要求。检查方法：用扭力扳手按照维修手册规定的次序和力矩大小紧固螺栓，如图 3-11 所示。

图 3-10　举升车辆

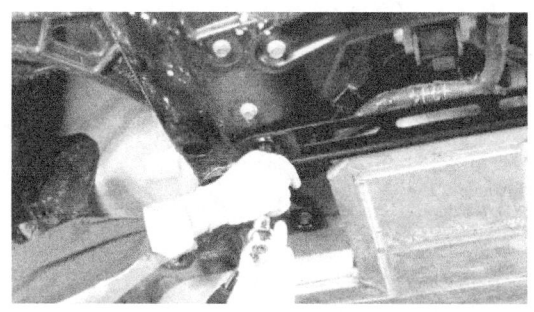

图 3-11　检查螺栓紧固程度

（3）检查动力蓄电池外部高、低压插接件　为确保动力蓄电池外部高、低压线束安装稳固，须检查插接件及线束连接有无松动、破损、腐蚀等现象，主要检查内容如下：

1）检查用电器插接件与线束插接件是否对插，并检查中间线束是否正常（图 3-12a）。

2）检查线束与插针连接是否牢靠，插针有无出现退针、弯曲等故障现象（图 3-12b）。

a）线束检查　　　　b）插针检查

图 3-12　动力蓄电池外部插接件检查

3. 动力蓄电池外部绝缘性的检查

（1）检查目的　为防止电箱内部短路，需要进行绝缘检查。

（2）检查方法　将电箱内部高压盒插头打开，用绝缘万用表测试正极柱、负极柱对地的绝缘电阻值，应不小于 $500\Omega/V$（1000V）。

（3）检查工具　高能万用表。

（4）检查步骤

1）用高能万用表测量动力蓄电池组正极柱和托盘之间的开路电压，记为 $V_{正}$，如图 3-13 所示。

2）用高能万用表测量动力蓄电池组负极柱和托盘之间的开路电压，记为 $V_{负}$，如图 3-14 所示。

3）比较 $V_{正}$ 和 $V_{负}$，选择数值较大的一个作为 V_1；并联一个 $100k\Omega$ 电阻 R，测量得出 V_2，如图 3-15 所示。

4）按照下式计算绝缘电阻：

不漏电：　$\dfrac{\dfrac{V_1 - V_2}{V_2}R}{316} > 500\Omega/V$

漏电：　$\dfrac{\dfrac{V_1 - V_2}{V_2}R}{316} \leq 500\Omega/V$

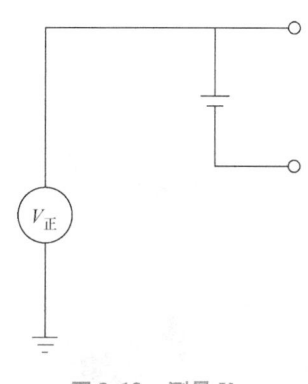

图 3-13　测量 $V_{正}$

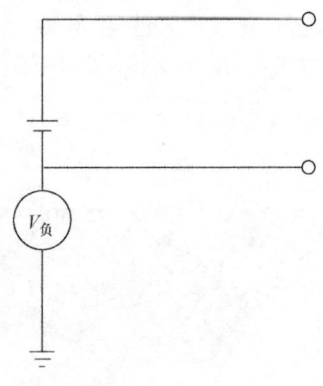

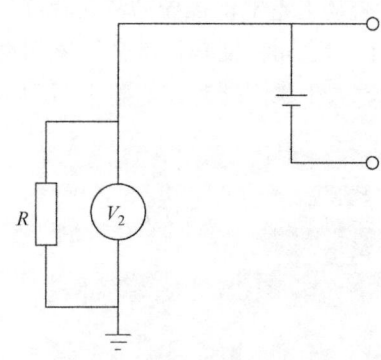

图 3-14　测量 $V_负$　　　　　　　　　　图 3-15　测量 V_2

【实训工单】

第一环节：教师讲解并进行演示。

由教师在实车上讲解动力蓄电池组的结构与工作原理以及实训目标，对任务实施的要求进行说明，并提示实操过程中的注意事项。

第二环节：学生现场按照以下步骤实施任务。

1）完成纯电动汽车基本检查，并记录信息。

① 作业前现场环境检查。

	作业内容： 作业结果：

② 作业前防护用具检查。

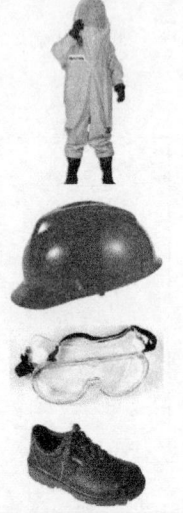	作业内容： 作业结果：

③ 作业前工具、仪表检查。

	作业内容:
	作业结果:

④ 作业前车辆检查。

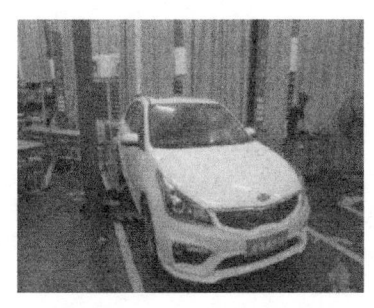

	作业内容:
	作业结果:

2）完成纯电动汽车动力蓄电池的检查与维护，并记录信息。

① 车辆下电、举升后，检查动力蓄电池外观及插接件状态。

车辆下电	□是 □否
电池底部状态	□正常 □磕碰 □划伤 □损坏
高、低压插件	□正常 □变形 □松脱 □过热 □损坏
动力蓄电池铭牌	□正常 □脏污 □缺失 □损坏
实施表面清洁	□是 □否

② 检查动力蓄电池外壳固定螺栓。

	使用工具	
	规格	
	螺栓个数	
	螺栓紧固力矩	

③ 检查动力蓄电池连接线束是否完好。

		密封条状态	□完好　□破损
	拆除动力蓄电池外壳，检查密封条		破损位置：
		密封条作用	
	检查动力蓄电池各连接线束是否完好	模组连接线	□完好　□破损
		BMS 连接线	□完好　□破损
		蓄电池控制盒连接线	□完好　□破损

第三环节：任务实施完成后，各小组负责清理工具和量具等，清洁地面卫生。

【检验评估】

通过实际检查电动汽车动力蓄电池，对任务进行评估，并将结果记录在表 3-5 中。

检查动力蓄电池检查与维护过程工单的填写情况，对学生的掌握情况进行评估。

1）各组汇报工作过程与过程中遇到的问题，并说明解决方法。

2）自评与互评。

3）教师点评、总结学生的参与度、学习态度、专业能力、关键能力。

4）教师填写学业评估表。

表 3-5　学业评估表

评价内容	检验指标	分值	自评	互评	师评	总评
知识与技能 （60分）	能叙述动力蓄电池组的组成	10分				
	能叙述动力蓄电池的工作原理	10分				
	能正确完成动力蓄电池组的检查作业	20分				
	能正确完成动力蓄电池组的保养工作	20分				
过程与方法 （40分）	学习态度：主动参与学习，遵守纪律	10分				
	团队合作：与小组成员分工合作，在小组完成任务的过程中所起的作用较大	10分				
	方法能力：具备发现、分析、解决问题的方法与能力	10分				
	现场管理：服从工位安排、执行实训室5S管理规定	10分				
对学生的综合评价与建议						

任务3.2 驱动电机的检查与维护

【案例引入】

一辆比亚迪电动汽车，在使用过程中出现不能起动的故障。起动操作时，电动机不能转动，检查蓄电池状态正常，初步断定是驱动电动机出现故障，需进行进一步的检查。

【任务要求】

1）了解电动汽车用电动机的结构及作用。

2）了解电动汽车用电动机技术参数的含义。

3）掌握电动汽车用电动机的基本检查项目和内容。

4）能完成电动汽车驱动电机的检查与维护作业。

学习参考

1. 电动汽车对电动机的要求

1）在恒转矩区，要求低速运行时具有大转矩，以满足电动汽车起动和爬坡的要求；在恒功率区，要求低转矩时具有高的速度，以满足电动汽车在平坦的路面能够高速行驶的要求。

2）电动机应具有瞬时功率大、带负载起动性能好、过载能力强、加速性能好、使用寿命长的特点。

3）电动机应在整个运行范围内具有很高的效率，以提高一次充电的续驶里程。

4）电动机应能够在汽车减速时实现再生制动，将能量回收并反馈给蓄电池，使得电动汽车具有最佳的能量利用率。

5）电动机应可靠性好，能够在较恶劣的环境下长期工作。

6）电动机应体积小，重量轻，一般为工业用电动机的 $1/3 \sim 1/2$。

7）电动机的结构要简单、坚固，适合批量生产，便于使用和维护。

8）价格便宜，从而能够降低整体电动汽车的价格，提高性价比。

9）运行时噪声低，减少污染。

2. 电动机的主要分类

电动机在工业、农业、电子信息等领域有非常广泛的应用，其分类如图 3-16 所示。由于电动汽车对驱动电动机有特殊要求，目前电动汽车采用的电动机种类较少，只采用了一些符合电动汽车要求的电动机来作为驱动电机。电动汽车常用的驱动电机主要有直流电动机、交流电动机、永磁同步电动机、开关磁阻电动机等。由于直流电动机具备控制方法简单、成本低等优点，其成为最早应用于电动汽车上的电动机。随着电子技术、机械制造技术和自动控制技术的发展，交流电动机、永磁电动机和开关磁阻电动机显示出更加优越的性能，逐步取代了直流电动机。目前电动汽车上应用最为广泛的电动机种类是交流电动机、永磁同步电动机。各种电动机的性能比较见表 3-6。

（1）直流电动机　直流电动机（图 3-17）分为励磁绕组直流电动机和永磁直流电动机。在电动汽车采用的直流电动机中，小功率电动机采用的是永磁直流电动机，大功率电动机则采用绕励磁绕组直流电动机。

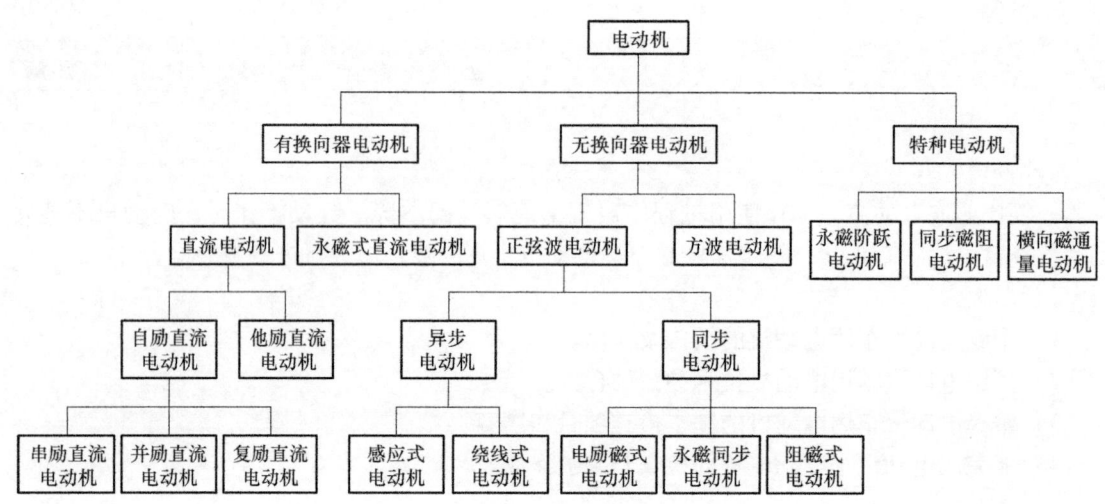

图 3-16   电动机分类

表 3-6   电动汽车用各种电动机的性能比较

项　　目	直流电动机	交流异步电动机	交流永磁电动机	开关磁阻电动机
功率密度	低	中	高	较高
过载能力（%）	200	300～500	300	300～500
峰值效率（%）	85～89	94～95	95～97	90
负荷效率（%）	80～87	90～92	85～97	78～86
功率因数（%）	—	82～85	90～93	60～65
恒功率区	—	1:5	1:2.25	1:3
转速范围 r/min	4000～6000	12000～20000	4000～100000	>15000
可靠性	一般	好	优良	好
结构坚固性	差	好	一般	优良
电动机外形尺寸	大	中	小	小
电动机质量	重	中	轻	轻
控制操作性能	最好	好	好	好
控制器成本	低	高	高	一般

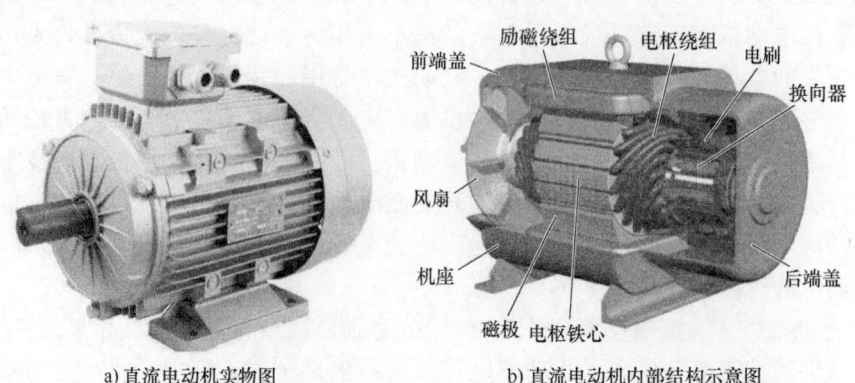

a) 直流电动机实物图   b) 直流电动机内部结构示意图

图 3-17   直流电动机

励磁绕组直流电动机根据励磁方式的不同，可分为他励式、并励式、串励式和复励式 4 种类型。

1）他励式直流电动机。他励式直流电动机的励磁绕组与电枢绕组无连接关系，而由其他直流电源对励磁绕组供电，因此励磁电流不受电枢端电压或电枢电流的影响。他励式直流电动机在运行过程中励磁磁场稳定而且容易控制，容易满足电动汽车的再生制动要求。当采用永磁激励时，虽然电动机效率高、重量轻且体积小，但由于励磁磁场固定，电动机的机械特性不理想，难以满足电动汽车起动和加速时的大转矩要求。

2）并励式直流电动机。并励式直流电动机的励磁绕组与电枢绕组并联，共用同一电源，性能与他励式直流电动机基本相同。并励绕组两端电压就是电枢两端电压，但是励磁绕组用细导线绕成，其匝数很多，因此具有较大的电阻，使得通过它的励磁电流较小。

3）串励式直流电动机。串励式直流电动机的励磁绕组与电枢绕组串联后接于直流电源，这种直流电动机的励磁电流就是电枢电流。电动机内磁场随着电枢电流的改变有显著的变化。为了使励磁绕组中不产生大的损耗和电压降，励磁绕组的电阻越小越好，所以串励式直流电动机的绕组通常用较粗的导线绕成，匝数较少。

4）复励式直流电动机。复励式直流电动机有并励和串励两个励磁绕组，电动机的磁通由两个绕组内的励磁电流产生。若串励绕组产生的磁通量与并励绕组产生的磁通量方向相同，称为积复励；若两个磁通量方向相反，称为差复励。

（2）交流电动机

1）分类。交流电动机可分为交流同步电动机和交流异步电动机（图 3-18）两大类。交流异步电动机又称为感应电动机，是由气隙旋转磁场与转子绕组感应电流相互作用产生电子转矩，从而实现电能转换为机械能的一种交流电动机。异步电动机是各类电动机中应用最广、需求量最大的一种。

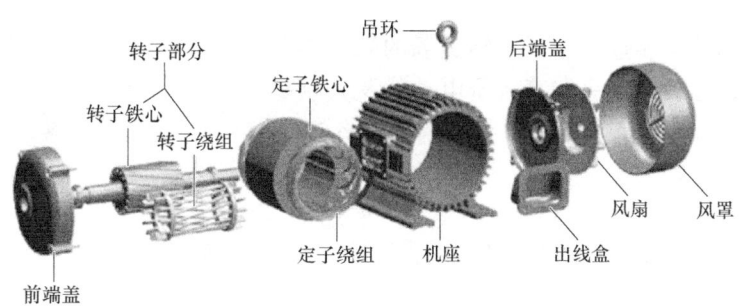

图 3-18　交流异步电动机分解图

异步电动机的种类很多，常按转子结构和定子绕组相数进行分类。按转子结构来分，异步电动机可分为笼型异步电动机和绕线型异步电动机；按照定子绕组相数来分，异步电动机可分为单相异步电动机、两相异步电动机和三相异步电动机。

2）结构。异步电动机主要由定子和转子两大部分组成，定子和转子之间存在气隙，此外还有端盖、轴承、机座和风扇等部件。

① 定子。异步电动机的定子由定子铁心、定子绕组和机座构成。

定子铁心为其磁路的一部分，因片间绝缘可减小铁心涡流损耗，为此常采用厚为 0.35 ~ 0.5mm 表面涂绝缘漆的硅钢片冲槽叠装而成。铁心内圆上开有均匀分布的定子槽，用来嵌放定子绕组。

定子绕组为异步电动机的电路部分，三相电机有 3 组互隔 120°的相绕组，每相绕组均由若干线圈连接而成，按一定规律嵌入定子铁心槽内。三相绕组共 6 个首、尾端，若首尾相连引出 3 个接线端为三角形接法；若 3 个尾端并接，3 个首端引出为星形接法。电机接线盒常将 6 根首尾端均引出，以方便用户按需改接成星形或三角形接法。

机座用来固定定子铁心和支撑转子轴，需有足够的强度和良好的通风散热条件，外壳表面常铸有散热片以扩大散热面积，其他部件还包括前后端盖、轴承盖、风罩、接线盒和吊环等。

② 转子。异步电动机的转子由转子铁心、转子绕组和转轴组成。

转子铁心是磁路一部分，由厚为 0.35~0.5mm 表面涂有绝缘漆的硅钢片冲槽叠装而成。

转子绕组分为绕线型和笼型两种。笼型转子绕组由槽内导条和端环构成多相对称闭合绕组，分铸铝式、铜排式两种。其中，因铜的电导率高于铝，即铜排式绕组可提高电机功率密度与效率，被多数电动汽车采用。

转轴须与转子铁心可靠地固定，以传递机械功率。

3）原理。交流异步电动机的工作原理如图 3-19 所示。三相定子绕组通入三相交流电时将产生一个旋转磁场，该旋转磁场切割转子绕组，从而在转子绕组中产生感应电动势，其方向可用右手定则来确定。由于转子绕组是闭合通路，转子中便有电流产生，电流方向与电动势方向相同，而载流的转子导体在定子旋转磁场的作用下将产生电磁力，电磁力的方向可用左手定则确定。由电磁力产生电磁转矩，驱动电动机旋转，并且电动机旋转方向与旋转磁场方向相同。

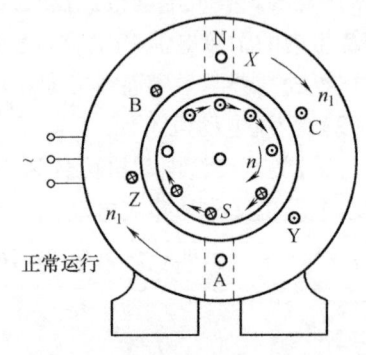

图 3-19　交流异步电动机的工作原理

异步电动机的转子转速与定子旋转磁场的同步转速之间存在转速差，它的大小决定着转子电动势及其频率的大小，直接影响异步电动机的工作状态。转速差与同步转速的比值称为转差率，即

$$s = \frac{n_1 - n}{n_1}$$

式中，s 为转差率；n_1 为定子旋转磁场的同步转速；n 为转子转速。

（3）开关磁阻电动机　开关磁阻电动机驱动系统主要由开关磁阻电动机、功率转换器、传感器和控制器四部分组成，其原理如图 3-20 所示。开关磁阻电动机用来实现电能向机械能的转化。功率转换器是连接电源和电动机的开关器件，用以提供开关电动机所需的电能。传感器主要用来反馈位置及电流信号，并传送给控制器。控制器是系统的中

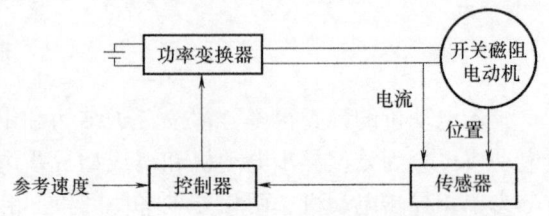

图 3-20　开关磁阻电动机驱动系统原理

枢，起决策和指挥作用，主要针对传感器提供的转子位置、速度和电流反馈信息以及外部输入的指令，实时加以分析处理，进而采取相应的控制决策，控制功率转换器中主开关器件的工作状态以控制开关磁阻电动机。

开关磁阻电动机为凸极铁心结构（图3-21），其定子、转子均由普通硅钢片叠压而成。转子上既无绕组也无永磁体，一般装有位置检测器；定子上绕有集中绕组，径向相对的两个绕组串联构成一相绕组。根据相数和定子、转子极数的配比，开关磁阻电动机可以设计成不同的结构。

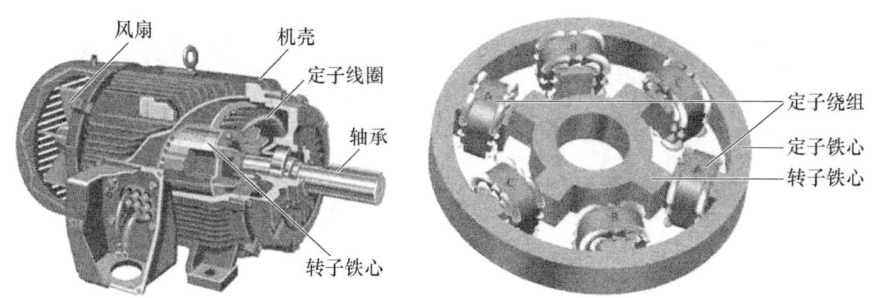

图3-21　开关磁阻电动机的组成

1）转子（图3-22）。转子由导磁性能良好的硅钢片叠压而成，转子凸极上无绕组。转子的凸极个数为偶数，最少4个（2对），最多16个（8对）。

2）定子（图3-23）。定子由定子铁心和定子绕组组成。定子的凸极个数为偶数，最少6个，最多18个。

图3-22　转子

图3-23　定子

（4）永磁同步电动机　永磁同步电动机具有高效、高控制精度、高转矩密度、良好的转矩平稳性及低振动噪声的特点，通过合理设计永磁磁路结构能获得较高的弱磁性能，在电动汽车驱动方面具有很高的应用价值，受到国内、外电动汽车行业的高度重视，是最具竞争力的电动汽车驱动电机系统之一。

永磁电动机的分类方法很多，根据输入电动机接线端的波形可分为永磁直流电动机和永磁交流电动机。现有的永磁电动机可分为永磁直流电动机、永磁同步电动机、永磁无刷直流电动机和永磁混合式电动机4类。其中，后3类没有传统直流电动机的电刷和换向器，故统称为永磁无刷电动机。在电动汽车中，永磁同步电动机应用广泛。

三相永磁同步电动机具有定子三相分布的绕组和永磁转子，在磁路结构和绕组分布上保证反电动势波形为正弦波，为了进行磁场定向控制，输入定子的电压和电流也为正弦波。根据永磁体在转子上的位置的不同，永磁同步电动机分为内置式永磁同步电动机和外置式永磁同步电动机。

1）永磁同步电动机的结构。永磁同步电动机分为正弦波驱动电流的永磁同步电动机和方波驱动电流的永磁同步电动机。这里介绍的主要是以三相正弦波驱动的永磁同步电动机。图 3-24 所示为永磁同步电动机的结构。

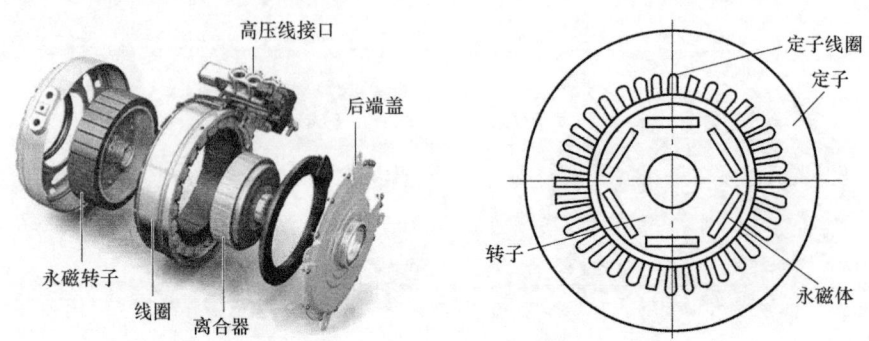

图 3-24　永磁同步电动机的结构

图 3-25 所示为表面嵌入式转子的结构，图 3-26 所示为永磁同步电动机内置式转子。

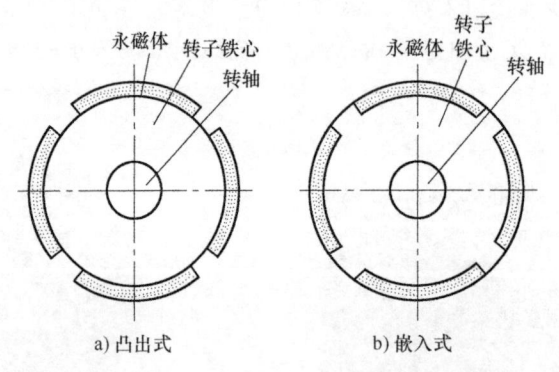

图 3-25　表面嵌入式转子的结构

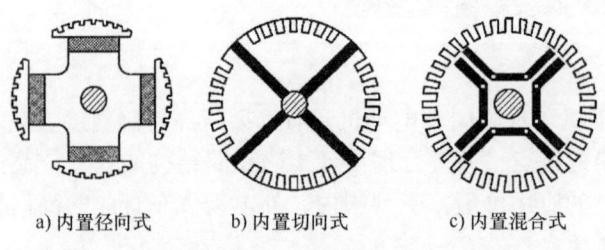

图 3-26　永磁同步电动机内置式转子

2）永磁同步电动机的特点。

①用永磁体取代绕线式同步电动机转子中的励磁绕组，从而省去了励磁线圈、集电环和电刷，以电子换向实现无刷运行，结构简单，运行可靠。

②永磁同步电动机的转速与电源频率间始终保持准确的同步关系，控制电源频率就能控制电动机的转速。

③永磁同步电动机具有较好的机械特性，对于因负载的变化而引起的电动机转矩的扰动具有较强的承受能力。

④ 永磁电动机转子为永磁体，无需励磁，因此电动机可以在很低的转速下保持同步运行，调速范围大。

⑤ 永磁同步电动机与异步电动机相比，不需要无功励磁电流，因而功率因数高，定子电流和定子铜耗小，效率高。

⑥ 体积小、重量轻。

⑦ 结构多样化，应用范围广。

3. 电动机的检查要求

（1）运行前检查

1）检查电动机起动设备接地是否可靠，接线是否正确。检查电动机铭牌所示电压和电源电压是否相符。

2）新安装和长期停用的电动机在起动前应检查其相间和对地绝缘电阻，对地绝缘电阻应大于 $0.5M\Omega$，若低于此值应将绕组烘干再用。

3）检查电动机转动是否灵活，轴承内润滑情况是否良好。

4）检查电动机所用断路器、接触器和热继电器的额定电流是否符合要求。

5）检查电动机各紧固螺栓及安装螺栓是否拧紧。

上述各项全部达到要求后，可起动电动机，起动后注意观察电动机是否有异常现象，若出现噪声、振动、发热等不正常情况，应采取措施，待情况消除后，才能投入运行。

（2）运行中检查

1）电动机应保持清洁，不允许将杂物放在电动机外壳上，风扇罩处必须保持空气流通，便于电动机散热。

2）用仪表查看电源电压及电动机的负载电流，电动机负载电流不得超过铭牌上规定的电流值。否则要查明原因，消除不良情况后才能继续运行。

3）采取必要手段检查电动机各部位温度（轴承处、端盖、电机外壳等）。

4）电动机运行后应定期维修，一般分为小修、大修。小修属一般检修，对电动机不做大的拆卸（主要检查电动机外部端盖、固定电动机螺栓及检查联轴器之间有无松动，并清扫电器灰尘等），可 1 季度 1 次。大修要将所有传动装置和电动机的端盖、轴承拆卸下来，进行全面的清洗和检查，将不合格的更换下来，一般 1 年 1 次。

学习工作页

【制订实训计划】

1. 岗位任务

一辆电动汽车行驶里程为 80000km，车主反映该车最近在某路边维修店进行了大修，但随后出现多次故障，且现在无法起动。维修人员试车时，发现该车在起动档时无任何起动征兆，但蓄电池电量充足，初步判断为电驱动系统出现故障，需要进行相关系统的检查。

2. 教师布置任务

电动机检查作业。

3. 小组制订计划

（1）需要的检测仪器、工具

1）电动汽车维护工具套装。

2）翼子板护裙、转向盘护套、变速杆护套、座椅护套和脚垫。

3）电动汽车维修手册。

4）电动汽车整车或实训台架。

（2）小组成员分工

1）小组分组，每组4~6名成员。

2）小组进行分工决策并制订任务实施计划，完成表3-7和表3-8的填写。

3）小组汇报计划，并根据教师的建议进行修改和完善。

（3）诊断和修复计划　就车找到起动系统各组成部分，并测量起动继电器、点火开关、熔丝电阻。若出现严重搭铁、短路或断路，应更换新品或进行一定的焊接等修复。

表3-7　小组成员分工决策

序号	操作人员	任　　务
1		
2		
3		
4		
5		

表3-8　任务实施计划

序号	工作步骤	使用工具	注意事项	操作人员
1				
2				
3				
4				
5				

【技能训练】

电动机的维护

以某新能源电动汽车为例，完成以下作业。

（1）检查驱动电动机外观　外观检查如图3-27所示，主要包括以下内容：

图3-27　驱动电动机外观检查

1）表面是否有油污、漏液现象（若有，则应进行外部清理、查明泄漏位置）。

2）驱动电动机的上、下水管是否有裂纹或泄漏（若有，则应查明泄漏位置）。

3）车身底部防护层、驱动电动机底部是否有碰撞、损坏的痕迹（若有，则应进行修复）。

（2）检查驱动电动机的插接件连接状况 驱动电动机的插接件包括高压插接件和低压插接件。其中，高压插接件用于三相交流电，低压插接件为 19 针脚。

驱动电动机插接件检查内容如下：

1）如图 3-28 所示，检查高压插接件连接状态是否良好，各插接件针脚是否存在退针、变形、松脱、过热、损坏等现象。若有，则应检修或更换。

2）如图 3-29 所示，检查低压插接件连接状态是否良好，各插接件针脚是否存在退针、变形、松脱、过热、损坏等现象。若有，则应检修或更换。

图 3-28 高压插接件

图 3-29 低压插接件（19 针脚）

（3）检查驱动电动机旋转变压器

1）驱动电机系统状态和故障信息会通过整车 CAN 网络上传给整车控制器（VCU），传输通道是两根信号线束，分别是电动机到控制器的 19 针脚插接件和控制器到 VCU 的 35 针脚插接件。检查确认插接件是否连接到位，是否有"退针"现象。

2）检测电动机旋转变压器传感器的阻值。驱动电动机低压插接件连接口如图 3-30 所示，其针脚定义见表 3-9。电动机旋变分为 3 组，用万用表分别测量 A-B 组、C-D 组、E-F 组的绕组电阻，其标准电阻值为 60Ω。若电阻值为无穷大，则表明绕组断路，需更换旋转变压器。

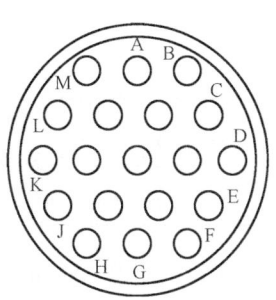

图 3-30 驱动电动机低压插接件连接口

表 3-9 驱动电动机控制器各针脚定义

编 号	信号名称	说 明
A	激励绕阻 R1	
B	激励绕阻 R2	
C	余弦绕阻 S1	
D	余弦绕阻 S3	电动机旋转变压器接口
E	正弦绕阻 S2	
F	正弦绕阻 S4	

（续）

编　号	信号名称	说　明
G	TH0	电动机温度接口
H	TL0	
L	HVIL1　（+L1）	高、低压互锁接口
M	HVIL2　（+L2）	
J	CAN-H	CAN 总线接口
K	CAN-L	

（4）检查驱动电动机的螺栓紧固程度　驱动电机必须按照厂家规定的标准力矩进行安装。检查驱动电机的螺栓紧固程度，需检查驱动电机与变速器总成安装力矩和右悬置总成安装力矩，如图 3-31 所示，利用扭力扳手检查各螺栓的紧固情况。紧固力矩标准见表 3-10。

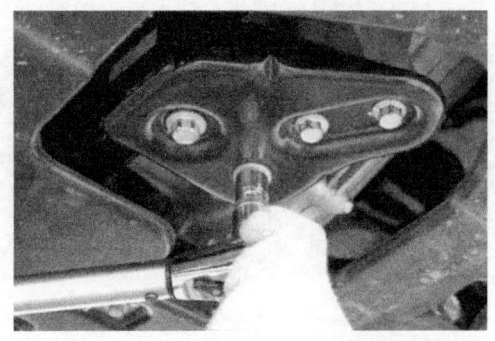

图 3-31　检查螺栓紧固程度

表 3-10　驱动电机螺栓紧固力矩标准

名　称	力矩/N·m
驱动电机与变速器总成安装螺栓	9~11、25~30
驱动电机与右悬置总成安装螺栓	50~55

（5）检查驱动电动机的绝缘性　驱动电机的绝缘性检查是电动汽车常规检查必须进行的项目，以确保电动汽车的使用安全性符合要求。电动机绝缘性的检查步骤如下：

1）确定电动机的额定电压，选择量程合适的绝缘万用表。

2）用绝缘万用表检测驱动电机的绝缘性。将绝缘万用表的黑色表笔搭铁，红色表笔逐个测量驱动电动机 U、V、W 端子，其测量的搭铁电阻值应不小于 100MΩ。

【实训工单】

第一环节：教师讲解并进行演示。

由教师在实车上设定起动系统故障，对任务实施的要求进行说明，并提示实操过程中的注意事项。

第二环节：学生现场按照以下步骤实施任务。

1）完成纯电动汽车的基本检查，并记录信息。

① 作业前现场环境检查。

| 作业内容： |
| 作业结果： |

② 作业前防护用具检查。

| 作业内容： |
| 作业结果： |

③ 作业前工具、仪表检查。

| 作业内容： |
| 作业结果： |

④ 作业前车辆检查。

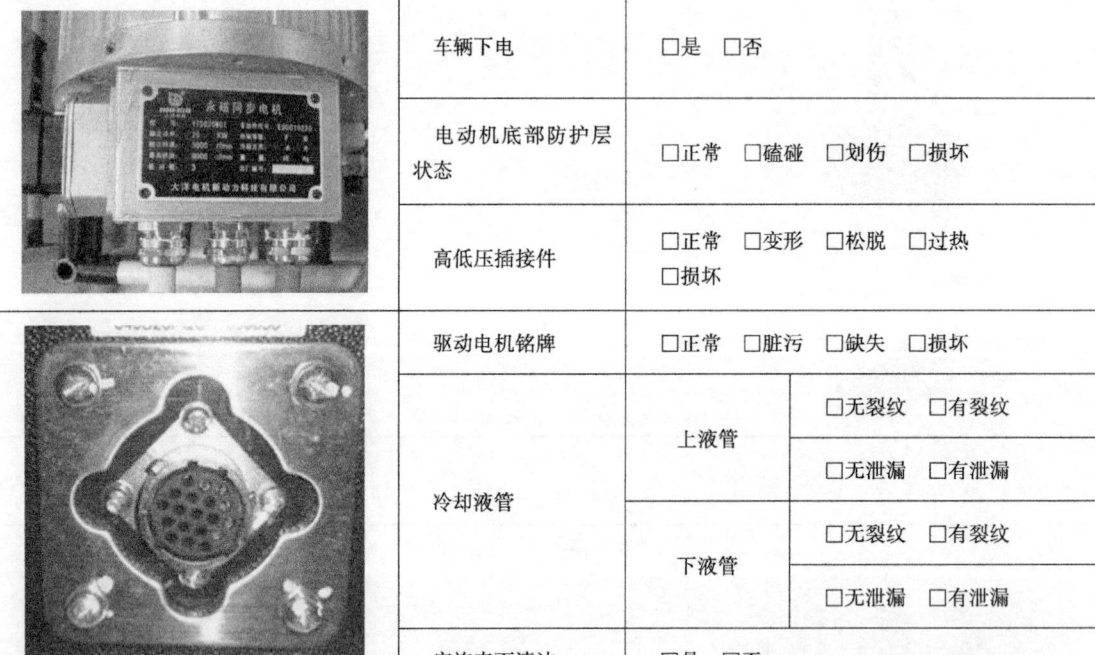	作业内容：
	作业结果：

2）完成纯电动汽车动力蓄电池的检查与维护，并记录信息。

① 车辆下电、举升后，检查驱动电机的外观。

	车辆下电	□是　□否		
	电动机底部防护层状态	□正常　□磕碰　□划伤　□损坏		
	高低压插接件	□正常　□变形　□松脱　□过热 □损坏		
	驱动电机铭牌	□正常　□脏污　□缺失　□损坏		
	冷却液管	上液管	□无裂纹　□有裂纹	
			□无泄漏　□有泄漏	
		下液管	□无裂纹　□有裂纹	
			□无泄漏　□有泄漏	
	实施表面清洁	□是　□否		

② 检查驱动电机的插接件状况。

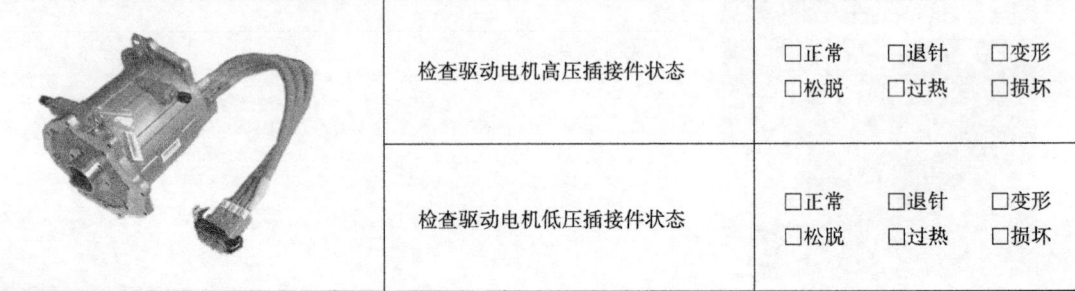	检查驱动电机高压插接件状态	□正常　　□退针　　□变形 □松脱　　□过热　　□损坏
	检查驱动电机低压插接件状态	□正常　　□退针　　□变形 □松脱　　□过热　　□损坏

③ 检查驱动电机螺栓紧固情况。

	使用工具	
	规格	
	螺栓数量	
	螺栓紧固力矩	

④ 检查驱动电机绝缘情况。

	选用绝缘万用表（其规格应根据电动机额定电压选择）	规格：
	测量电动机搭铁绝缘性（标准值应不小于100MΩ）	端子 U	测量值：
		端子 V	测量值：
		端子 W	测量值：

⑤ 检查驱动电机的旋转变压器。

	检查电动机控制器与电动机连接的低压插接件状态		□正常　□退针　□变形 □松脱　□过热　□损坏
	电动机旋转变压器的电阻值	测量工具	
		量程	
		测得数据/Ω	A-B 组	
			C-D 组	
			E-F 组	
		判断是否正常	□正常　□损坏

第三环节：任务实施完成后，各小组负责清理工具和量具等，清洁地面卫生。

【检验评估】

通过实际检修起动控制电路，对任务进行评估，并将结果记录在表 3-11 中。

检查起动控制电路故障诊断过程的填写情况，对学生的掌握情况进行评估。

1）各组汇报工作过程与过程中遇到的问题，并说明解决方法。

2）自评与互评。

3）教师点评、总结学生的参与度、学习态度、专业能力、关键能力。

4）教师填写学业评估表。

表 3-11　学业评估表

评价内容	检验指标	分值	自评	互评	师评	总评
知识与技能 （60分）	能叙述电动汽车电动机的种类	5分				
	能指出实车上电动机的连接关系	10分				
	能正确检查电动机	30分				
	能正确检查电动机控制器	15分				
过程与方法 （40分）	学习态度：主动参与学习，遵守纪律	10分				
	团队合作：与小组成员分工合作，在小组完成任务的过程中所起的作用较大	10分				
	方法能力：具备发现、分析、解决问题的方法与能力	10分				
	现场管理：服从工位安排、执行实训室5S管理规定	10分				
对学生的综合评价与建议						

项目4

电动汽车高压部件的检查与维护

◀◀◀

任务 4.1 电动汽车高压系统的认知与检查

【案例引入】

某汽车维修厂接修一辆比亚迪电动汽车，该车行驶里程为 50000km。客户反映该车最近仪表上有警告灯常亮，并且出现无法起动的故障。这样的问题应该如何解决？

【任务要求】

1）认知电动汽车高压安全防护设计，能够说明高压安全防护措施。

2）能够结合实车找到车辆高压安全防护标识及车辆搭铁点的位置。

3）能够认知整车高压互锁的设计目的，能够结合实车找到针脚位置。

4）能够认知高压绝缘的重要性，并进行高压器件绝缘性能的检测。

学习参考

电动汽车高压系统主要由动力蓄电池、高压控制盒、车载充电机、直流电流变换器、电机控制器、空调压缩机、暖风加热器和电动机等电气设备组成。图 4-1 所示为比亚迪 e6 电动汽车机舱。

图 4-1 比亚迪 e6 电动汽车机舱

1. 动力蓄电池

动力蓄电池是纯电动汽车的核心部件，价格较高，内部结构复杂，工作条件严苛。动力蓄电池属于高压安全部件，任何异常因素（如温度不符合要求、短路、超载等）都会导致动力被保护切断。

如图4-2所示，动力蓄电池对外一般只有两个插座，一个为橙色的直流高压输出插座，电压高达300V以上，另一个为蓄电池检测控制系统低压插座。

2. 电机控制器（MCU）

电机控制器（图4-3）位于机舱，在车辆行驶过程中可将蓄电池包传递过来的直流电转换成交流电用来驱动电动机，并可将制动等工况下电动机产生的交流电转换成直流电回馈给蓄电池包，可控制车辆前进、后退、加速、减速、放电回馈等各种工况，是整车高压系统重要的控制器之一。其上有高压直流输入插座，用两根橙色高压电缆（正、负各1根）与电池管理系统BMS相连接。还有一个橙色交流输出插座，将转换后的三相高压交流电输出至驱动电机，也可将驱动电机输出的交流电送回逆变器用于给动力蓄电池充电。

图4-2　动力蓄电池

图4-3　电机控制器

3. 驱动电机

驱动电机的作用是将电能与机械能进行转换。驱动电机系统是纯电动汽车三大核心部件之一，是动力系统的重要执行机构。

比亚迪e6电动汽车采用永磁同步驱动电机（图4-4）。驱动电机额定功率为75kW，最大功率为120kW，驱动电机由外圈的定子与内圈的转子组成，是汽车的唯一动力源，可向外输出转矩，驱动汽车前进、后退；同时可以作为发电机发电（例如，在高坡下滑、高速滑行以及制动过程中把势能或者动能转化为电能存储起来）。

4. 高压控制盒

高压控制盒（图4-5）也称为高压配电箱，其作用是将蓄电池包的高压直流电分配给整车高压电器使用，其上游是蓄电池包，下游包括电机控制器、直流充电口、车载充电机、DC/DC（直流/直流）变换器、空调驱动器、漏电传感器。

图4-4　永磁同步驱动电机

以比亚迪e6电动汽车为例，其高压控制盒位于后排座椅后边，其内部结构如图4-6所示。

通过配电箱对蓄电池包体中巨大的能量进行控制，相当于一个大型的电闸，通过接触器（继电器）的吸合来控制电流通断，将电流进行分流等。关键零部件为接触器，为了控制如此大的电流通过整车，需要通过几个接触器的并联工作，这也为接触器工作一致性和可靠性提出了苛刻的要求。

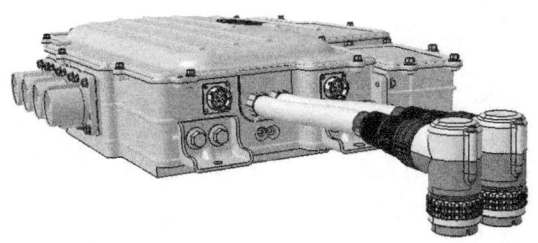

图4-5　高压控制盒

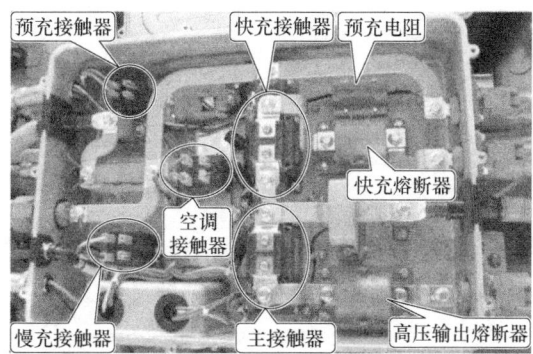

图4-6　高压控制盒内部结构

5. 车载充电机

车载充电机（图4-7）用于将220V交流电转换为动力蓄电池的直流电，实现蓄电池电量的补给。其上有两个橙色高压插座，其中两脚的为直流高压输出插座，连接动力蓄电池端，六脚的为交流电输入插座，连接220V电源。车载充电机具有效率高、体积小、耐受恶劣工作环境等特点。

6. DC/DC变换器

DC/DC变换器（图4-8）将动力蓄电池的高压直流电变换为整车低压直流电。DC/DC变换器在主接触吸合时工作，输出的14V电源供给整车用电器使用，并且在辅助蓄电池亏电时给辅助蓄电池充电。

图4-7　车载充电机　　　　　　　　　图4-8　DC/DC变换器

7. 加热器（PTC）

电动汽车冬季采暖使用额定功率为 3500W 的高压直流加热器，如图 4-9 所示，其上有橙色高压电缆 3 根（1 正 2 负）。

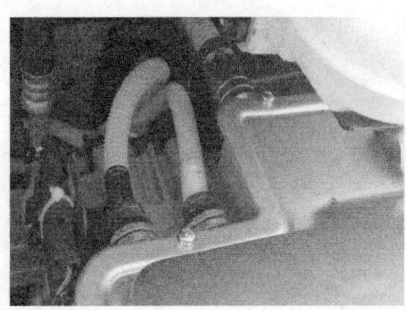 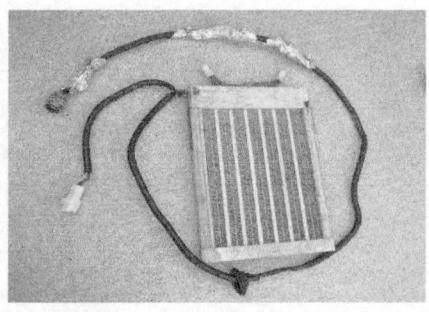

图 4-9　加热器

【制订实训计划】

1. 岗位任务

一辆比亚迪 e6 电动汽车行驶里程为 50000km，车主反映该车无法正常起动。维修人员试车后，初步判断为高压系统出现故障，需要进行相关系统的检查。

2. 教师布置任务

高压系统认识。

3. 小组制订计划

根据车辆类型和任务要求，确定所需要的技术资料，并对小组成员进行合理分工。

（1）需要的检测仪器、工具

1）电动汽车维护工具套装。

2）翼子板护裙、转向盘护套、变速杆护套、座椅护套和脚垫。

3）电动汽车维修手册。

4）电动汽车整车或实训台架。

（2）小组成员分工

1）小组分组，每组 4~6 名成员。

2）小组进行分工决策并制订任务实施计划，完成表 4-1 和表 4-2 的填写。

3）小组汇报计划，并根据教师的建议进行修改和完善。

表 4-1　小组成员分工决策

序号	操作人员	任 务
1		
2		
3		
4		
5		

表4-2 任务实施计划

序号	工作步骤	使用工具	注意事项	操作人员
1				
2				
3				
4				
5				

【技能训练】

1. 比亚迪电动汽车高压部件的位置查找

按照图4-10所示部件分布图，在实车上查找各主要高压部件的位置。

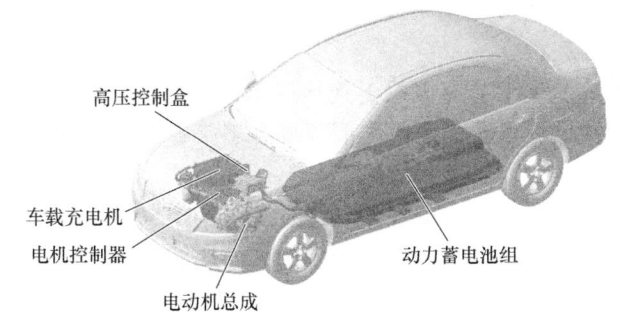

图4-10 高压部件的位置分布示意图

2. 电动汽车高压部件的识别

识别图4-11所示比亚迪纯电动汽车主要零部件，并填写在相应位置。

图4-11 高压部件识别

3. DC/DC变换器的检查与维护

（1）外观检查 检查DC/DC变换器外表面清洁程度、有无异物，尽可能减少散热齿上的杂物，确保散热通道畅通。目测外壳有无明显变形、碰撞痕迹。

（2）连接线束检查 检查DC/DC变换器各连接线束是否存在破损、裂纹，高、低压接线端子连接是否牢靠，确保各插接件连接无松动。

（3）螺栓紧固程度检查 检查DC/DC变换器紧固螺栓有无锈蚀、松动情况，用扭力扳手检查其紧固螺栓拧紧力矩是否符合标准要求。

（4）输出电压检查 DC/DC变换器可将动力蓄电池的高压电转化为低压电，为整车低压用电设备提供电能。可按照以下步骤检查DC/DC变换器功能：

1）在保证整车线束连接正常的前提下，将点火开关置于OFF位置，用万用表测量辅助蓄电池的电压，应为蓄电池正常电压（12V左右）。

2）上高压电，用万用表测量辅助蓄电池的电压，其范围应为13.5~14.0V。

（5）绝缘性检查 图4-12所示为DC/DC变换器接口。检测方法：将绝缘万用表正极表笔分别与端子A、B接触，负极表笔与线束外壳或车身搭铁接触，单击INSULATION TEST按钮开始测量，读取绝缘电阻测量值。按照要求，绝缘电阻值应不小于500MΩ。

4. 车载充电机的检查与维护

（1）外观检查 检查车载充电机外表面清洁程度、有无异物，尽可能减少散热齿上的杂物，确保散热通道畅通。目测外壳有无明显变形、碰撞痕迹。

（2）连接线束检查 检查车载充电机各连接线束是否存在破损、裂纹，高、低压接线端子连接是否牢靠，确保各插接件连接无松动。

图4-12 DC/DC变换器接口

（3）螺栓紧固程度检查 检查车载充电机紧固螺栓有无锈蚀、松动情况，用扭力扳手检查其紧固螺栓拧紧力矩是否符合标准要求。

（4）检查车载充电机风扇 检查车载充电机风扇转动是否灵活，挡风圈上是否存在异物。若存在以上问题，则进行清洁。

（5）检查车载充电机工作状态 对车辆进行充电作业，观察车载充电机的充电指示灯情况，正常充电时，"Power"灯常亮（绿色），"Charge"灯闪烁（绿色，充电完成则常亮），"Fault"灯不亮；充电故障时，"Fault"灯亮（红色）。

（6）绝缘性检查 图4-13所示为车载充电机接口。检测方法：先将高压线束与连接的各用电器完全断开，然后将绝缘万用表正极表笔分别与端子E、F接触，负极表笔与线束外壳或车身搭铁接触，点击INSULATION TEST按钮开始测量，读取绝缘电阻测量值。按照要求，绝缘电阻值应不小于1000MΩ。

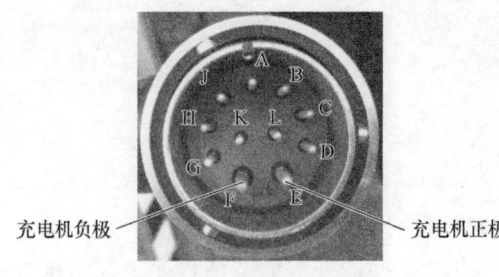

充电机负极　　　　　　　　　　充电机正极

图4-13 车载充电机接口

【实训工单】

第一环节：教师讲解并进行演示。

第二环节：学生现场实施任务。

1. 操作前准备

完成纯电动汽车基本检查，并记录信息。

1）作业前现场环境检查。

|  | 作业内容： |
| | 作业结果： |

2）作业前防护用具检查。

|  | 作业内容： |
| | 作业结果： |

3）作业前工具、仪表检查。

| 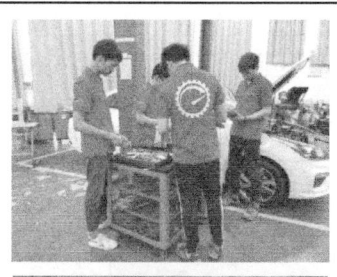 | 作业内容： |
| | 作业结果： |

4）作业前车辆检查。

	作业内容：
	作业结果：

2. 比亚迪 e6 纯电动汽车部件认知与识别

（1）比亚迪 e6 主要高压部件布置　车辆前部主要有电机控制器、DC/DC 变换器、驱动电机总成，车辆后部有动力蓄电池、充电接口、车载充电机、高压控制盒、电源管理器等。

（2）主要部件识别　识别动力蓄电池、驱动电机、变速单元、DC/DC 变换器、空调驱动器、高压控制盒、漏电传感器、维修开关、充电接口。

实施准备		
场地准备	工具、量具准备	资料准备
30 人用理论实践一体化教室	防护装备：常规实训工装 车辆、台架、总成：荣威 e50、比亚迪 e6、北汽新能源汽车（或其他新能源汽车）	实践相关车辆维修维护手册

任务单			
项目	内容	结果	备注
1. 比亚迪 e6 电动汽车主要高压部件布置	车辆前部		
	车辆后部		
2. 主要部件识别	动力蓄电池		
	驱动电动机、变速单元		
	DC/DC 变换器、空调驱动器		
	高压控制盒		
	漏电传感器		
	维修开关		
	充电接口		

3. 检查 DC/DC 变换器功能

第一步：将点火开关置于 LOCK 位置，使用专用万用表测量辅助蓄电池的电压	点火开关档位	
	万用表档位	
	测量部位	
	测量值	
	造成测量值异常的可能原因	
第二步：将点火开关置于 ON 位置，再次测量，这时所测的电压值为 DC/DC 变换器输出的电压	点火开关档位	
	万用表档位	
	测量部位	
	测量值	
	造成测量值异常的可能原因	

第三环节：任务实施完成后，各小组负责清理工具和量具等，清洁地面卫生。

【检验评估】

通过实际认知系统，对任务进行评估，并将结果记录在表4-3中。

检查检修计划和任务实施工单，对学生的掌握情况进行评估。

1) 各组汇报工作过程与过程中遇到的问题，并说明解决方法。

2) 自评与互评。

3) 教师点评、总结学生的参与度、学习态度、专业能力、关键能力。

4) 教师填写学业评估表。

表 4-3　学业评估表

评价内容	检验指标	分值	自评	互评	师评	总评
知识与技能 (60分)	能叙述高压系统的组成	10分				
	能叙述高压系统各部件的作用	10分				
	能正确指出高压系统部件在汽车中的位置	20分				
	能正确完成高压系统的基本检查	20分				
过程与方法 (40分)	学习态度：主动参与学习，遵守纪律	10分				
	团队合作：与小组成员分工合作，在小组完成任务的过程中所起的作用较大	10分				
	方法能力：具备发现、分析、解决问题的方法与能力	10分				
	现场管理：服从工位安排、执行实训室5S管理规定	10分				
对学生的综合评价与建议						

任务4.2 高压线束的检查与维护

【案例引入】

某汽车维修厂来了一辆大众速腾轿车，行驶里程为50000km。客户反映该车最近动力性明显变差，并且出现"闯车"现象。这样的问题应该如何解决？

【任务要求】

1）能够认识整车高压线束/电缆，能够找出高压线束/电缆的位置。

2）能够绘制整车高压线束/电缆拓扑图。

3）能够进行整车高压线束/电缆的插拔。

4）能够检查各高压线束外观及接口状态是否良好。

5）能够根据端口针脚定义测量各高压线束导通情况。

6）能够测量各高压线束绝缘情况并判断是否存在故障。

学习参考

1. 整车高压线束的认知

（1）布局 以比亚迪e6电动汽车为例，其整车高压线束布局如图4-14所示，线束定义见表4-4。

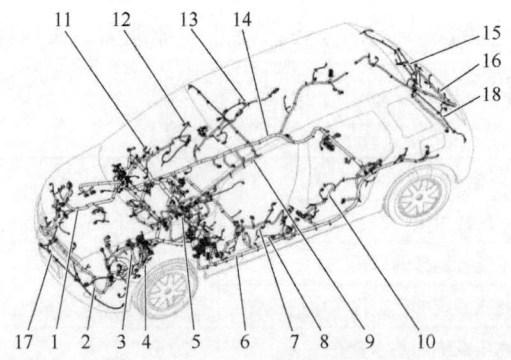

图4-14 比亚迪e6电动汽车整车高压线束布局

表4-4 比亚迪e6电动汽车整车高压线束定义

序号	定　义	序号	定　义
1	机舱线束	10	左后门线束
2	前横梁线束	11	右前门线束
3	蓄电池负极线	12	右侧车外探测天线小线
4	蓄电池正极线	13	右后门线束
5	仪表板线束	14	右地板线束
6	左地板线束	15	高位制动灯
7	前横梁线束	16	后背门线束
8	左侧车外探测天线小线	17	前保险杠线束
9	顶篷线束	18	后保险杠线束

（2）充电线束

1）慢充线束。慢充线束是连接慢充口和高压控制盒的线束，如图4-15所示。

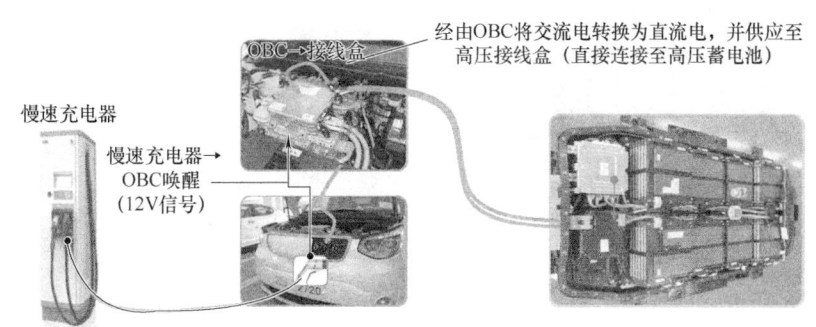

图4-15　比亚迪电动汽车慢充线束

2）快充线束。快充线束是连接快充口和高压控制盒的线束，如图4-16所示。

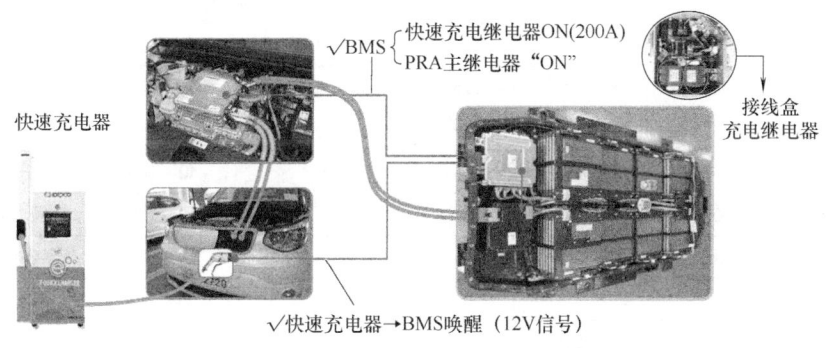

图4-16　比亚迪电动汽车快充线束

（3）动力蓄电池高压电缆线　动力蓄电池高压电缆线是连接动力蓄电池与高压控制盒的线缆，如图4-17所示。

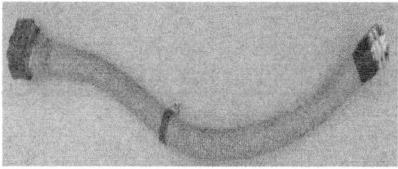

a）接动力蓄电池组端　　　b）动力蓄电池高压电缆线　　　c）接高压控制盒

图4-17　动力蓄电池高压电缆线

（4）高压附件线束　高压附件线束是连接高压控制盒与DC/DC变换器、车载充电机、空调压缩机、空调加热器的线束，如图4-18所示。

（5）电机三相交流动力线

电机三相交流动力线是连接电机控制器与电机的电缆，如图4-19所示。

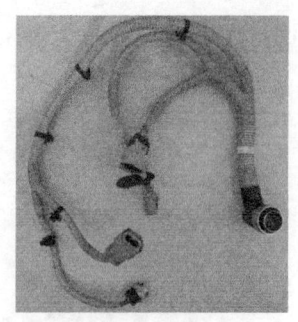

图 4-18 高压附件线束

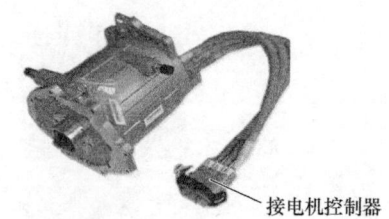

接电机控制器

图 4-19 电机三相交流动力线

2. 高压线束安全检测

（1）高压电缆线安全要求

1）型号及参数（表4-5）。

表 4-5 型号及参数

型 号	芯数	规格/mm²	温度等级	额定温度范围/℃	最大额定耐压/V
QB-B/PVC 600/900V	1	1.5~50	B	-40~100	AC 600/DC 900
QBJ-C/XLPE 600/900V	1	1.5~50	C	-40~125	AC 600/DC 900
QBJ-D/XLPO 600/900V	1	1.5~50	C	-40~150	AC 600/DC 900
QZ-B/PVC 1000/1500V	1	10~120	B	-40~100	AC 1000/DC 1500
QZJ-C/XLPE 1000/1500V	1	10~120	C	-40~125	AC 1000/DC 1500
QZJ-D/ XLPO 1000/1500V	1	10~120	D	-40~150	AC 1000/DC 1500
QZJ-E/ SIR 1000/1500V	1	10~120	E	-40~175	AC 1000/DC 1500
QBJP2-B/PVC 600/900V	1	1.5~50	B	-40~100	AC 600/DC 900
	2~5	1.5~6			
QBJP2-C/XPLE 600/900V	1	1.5~50	C	-40~125	AC 600/DC 900
	2~5	1.5~6			
QBJP2-D/XLPO 600/900V	1	1.5~50	D	-40~150	AC 600/DC 900
	2~5	1.5~6			
QBJP21-E/SIR 600/900V	1	1.5~50	E	-40~175	AC 600/DC 900
	2~5	1.5~6			

2）工作温度（表4-6）。

表 4-6 工作温度

温度等级	工作温度
A	-40℃~85℃
B	-40℃~100℃
C	-40℃~125℃
D	-40℃~150℃
E	-40℃~175℃

（续）

温度等级	工作温度
F	−40℃ ~200℃
G	−40℃ ~225℃
H	−40℃ ~250℃

3）结构尺寸（表4-7）。

表4-7　结构尺寸

规格	导体				绝缘			
导体横截面积 /mm²	单丝根数	单丝直径/mm	外径/mm		厚度/mm		外径/mm	
标称	标称	最大	最大		标称	最小	最小	最大
1.5	30	0.26	1.80		0.30	0.24	2.20	2.40
2.5	50		2.20		0.35	0.28	2.70	3.00
4	56	0.31	2.80		0.40	0.32	3.40	3.70
6	84		3.40				4.00	4.30
10	320		4.50		0.60	0.48	5.30	6.00
16	510		5.80		0.65	0.52	6.40	7.20
25	790	0.21	7.20				7.90	8.70
35	1090		8.50		0.80	0.64	9.40	10.40
50	1600		10.50		0.90	0.71	11.00	12.20
70	2175		12.50		1.00	0.80	13.00	14.40

注：对单丝根数大于100根的导体，单丝根数允许略有偏差，但不可超过标称值的±5%

（2）高压线束的主要检测项目　车辆用高压线束需要耐老化、阻燃性好、耐磨损等，不得出现裂痕、导体暴露等现象。在各高压线束外观状态良好的前提下，还需要保证其内部电路的导通和绝缘性能的良好。对于慢充线束来说，还要测试其电阻值是否正常。

学习工作页

【制订实训计划】

1. 岗位任务

一辆吉利帝豪电动汽车的行驶里程为15000km，车主反映该车出现无法起动的故障。维修人员试车检查判断为高压系线束出现故障，而查找故障点需要查阅该车的资料。

2. 教师布置任务

高压附件线束的检查。

3. 小组制订计划

根据吉利帝豪电动汽车的类型和任务要求，确定所需要的技术资料，并对小组成员进行合理分工。

（1）需要的检测仪器、工具

1）电动汽车维护工具套装。

2）翼子板护裙、转向盘护套、变速杆护套、座椅护套和脚垫。

3）电动汽车维修手册。

4）电动汽车整车或实训台架。

（2）小组成员分工

1）小组分组，每组4~6名成员。

2）小组进行分工决策并制订任务实施计划，完成表4-8和表4-9的填写。

3）小组汇报计划，并根据教师的建议进行修改和完善。

表4-8　小组成员分工决策

序号	操 作 人 员	任　　务
1		
2		
3		
4		
5		

表4-9　任务实施计划

序号	工 作 步 骤	使 用 工 具	注 意 事 项	操 作 人 员
1				
2				
3				
4				
5				

【技能训练】

1. 整车高压线束/电缆线插拔方法

EV200整车高压线束/电缆插接器按照锁止机构设置分为3种类型，分别是三级锁止机构、二级锁止机构和航空插头，如图4-20所示。

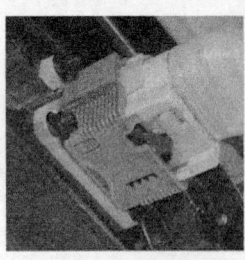

a) 三级锁止机构　　b) 二级锁止机构　　c) 航空插头

图4-20　电动汽车高压线束/电缆插接器

（1）三级锁止机构插拔方法

1）拔出。

① 将蓝色锁销轻轻向后拉出，待锁销与底部橘黄色外壳接触即解除第一道锁，如图 4-21a 所示。

② 侧向按压刻有"PRESS"标识的锁扣，同时两侧均匀用力向外推出插接件灰色壳体，待蓝色锁销与灰色壳体外侧凹槽完全贴合即解除第二道锁；向上轻轻顶起插接件底部锁扣解除第三道锁，两侧轻微晃动向外拔出插接件即可，如图 4-21b 所示。

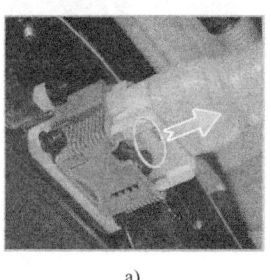 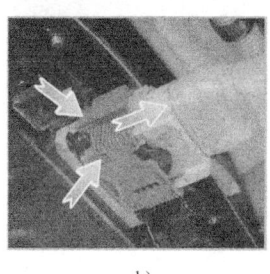

a)　　　　　　　　　　　　b)

图 4-21　三级锁止机构拔出（见彩插）

2）插入。插入时以与拔出相反的顺序进行，如图 4-22 所示。注意三级锁止机构依次插拔，强行插拔将导致插接件锁止机构失效。

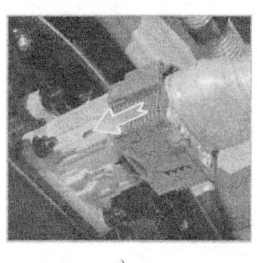 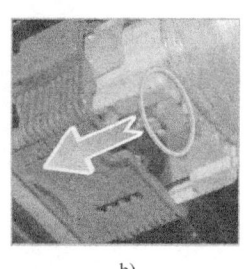

a)　　　　　　　　　　　　b)

图 4-22　三级锁止机构插入（见彩插）

（2）二级锁止机构插拔方法

1）拔出。

① 将绿色锁舌轻轻向后拉出，如图 4-23a 所示。

② 向下按压航空插头顶部锁扣，如图 4-23b 所示。

③ 均匀用力向后拉出，如图 4-23c 所示。

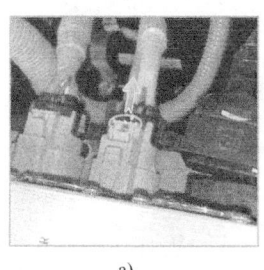 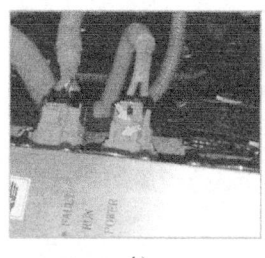 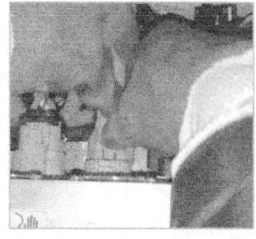

a)　　　　　　　　　　b)　　　　　　　　　　c)

图 4-23　二级锁止机构拔出（见彩插）

2）插入。

① 将航空插头针孔与插接件针脚对齐推入，如图 4-24a 所示。

② 将绿色锁舌轻轻推入底部，如图 4-24b 所示。

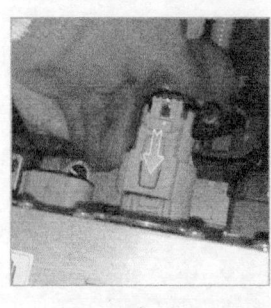 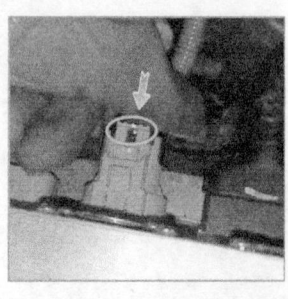

a)　　　　　　　　　　　b)

图 4-24　二级锁止机构插入（见彩插）

（3）航空插头插拔方法

1）拔出。

① 逆时针轻轻旋转航空插头端部螺母，如图 4-25a 所示。

② 待旋松螺母后均匀用力向后拉出，如图 4-25b 所示。

 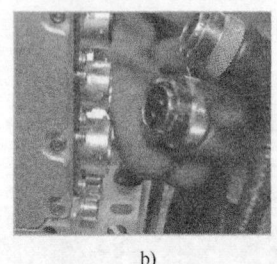

a)　　　　　　　　　　　b)

图 4-25　航空插头拔出

2）插入。

① 绝缘体针孔与插接件针脚对齐，如图 4-26a 所示。

② 轻轻推入使航空插头内止口与插接件定位键咬合，如图 4-26b 所示。

③ 顺时针旋转航空插头端部螺母直至拧紧，如图 4-26c 所示。

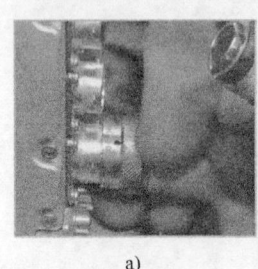 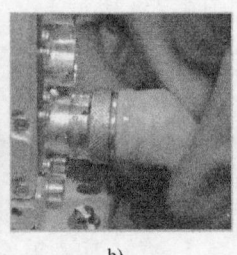 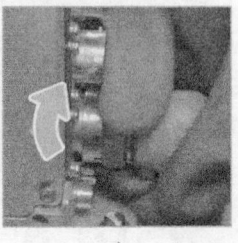

a)　　　　　　　　　b)　　　　　　　　c)

图 4-26　航空插头插入

2. 高压线束/电缆线绝缘性检查

为确保整车电器系统安全，必须检测各高压线束绝缘电阻是否符合标准要求，其检测过程如下：

1）按照高压线束安全插拔的步骤，完成被测量高压线束/电缆线的拔出作业。

2）准备绝缘万用表。首先测试验证绝缘万用表正常工作，然后利用绝缘万用表测量被测电路电压，确保无高压。最后，采用双线测量方式，将绝缘万用表正、负极测试探头/夹子拔出后重新置于左侧测量孔，档位开关置于绝缘测试档，单击 RANGE 按钮选择测试电源 500V。

3）使用绝缘万用表测量线束绝缘电阻。将正极表笔与线束内芯接触、负极表笔与线束外壳或车身搭铁接触，单击 INSULATION TEST 按钮开始测量，读取绝缘电阻测量值，如图 4-27 所示。按照要求，在最大工作电压下，直流电路绝缘电阻的最小值应大于 $100\Omega/V$，交流电路绝缘电阻的最小值应大于 $500\Omega/V$。

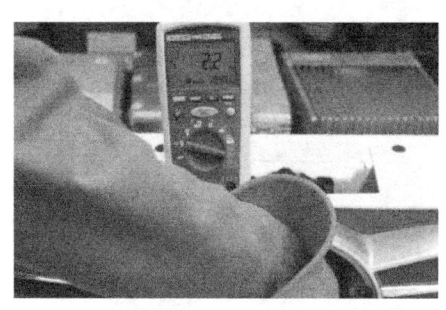

4）测试完毕后，将绝缘万用表档位开关置于 OFF 位置，恢复归整测试探头/夹子。

图 4-27　读取绝缘电阻测量值

【实训工单】

第一环节：教师讲解并进行演示。

教师讲解电动汽车高压线束的检查内容、方法和步骤，检测工具的使用方法，操作过程中的注意事项，对于关键的步骤进行现场演示。

第二环节：学生现场按照以下步骤实施任务。

1. 准备工作

1）作业前现场环境检查。

	作业内容： 作业结果：

2）作业前防护用具检查。

	作业内容： 作业结果：

3）作业前工具、仪表检查。

作业内容：
作业结果：

4）作业前车辆检查。

作业内容：
作业结果：

2. 实操环节及记录

按照以下步骤完成任务：

1）将高压系统断电并做好绝缘保护。

2）将车辆平稳降至地面，找到以下高压线束的安装位置并完成信息填写。

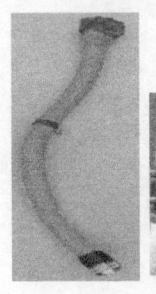

名称
位置
锁止机构等级

3）完成高压线束的插拔，在图 4-28 和图 4-29 中标记出名称，并完成表 4-10 信息的填写。

图 4-28　机舱线束对应名称

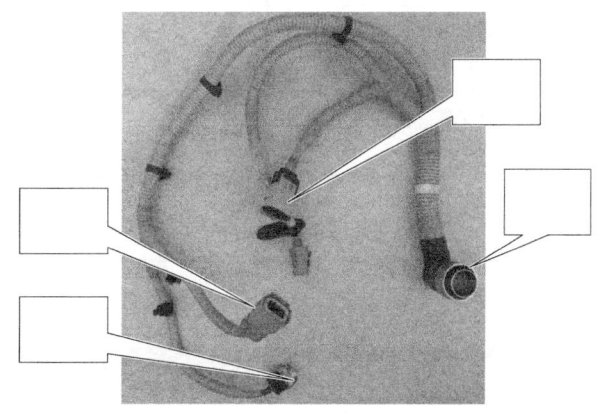

图 4-29　高压线束各端子对应名称

表 4-10　高压线束检查情况记录

输出端线束分支数量	
电压类型	□直流　□交流
拆卸方法：	
位置：	

4）恢复整车高压线束，连接维修开关和蓄电池负极电缆。

第三环节：任务实施完成后，各小组负责清理工具和量具等，清洁地面卫生。

【检验评估】

通过实际检查普通电子点火系统，对任务进行评估，并将结果记录在表4-11中。

检查检修计划和任务实施工单，对学生的掌握情况进行评估。

1）各组汇报工作过程与过程中遇到的问题，并说明解决方法。

2）自评与互评。

3）教师点评、总结学生的参与度、学习态度、专业能力、关键能力。

4）教师填写学业评估表。

表 4-11 学业评估表

评价内容	检验指标	分值	自评	互评	师评	总评
知识与技能 （60分）	能叙述电动汽车高压线束的特点	10分				
	能叙述高压线束的分布位置	10分				
	能正确完成高压线束的基本检查作业	20分				
	能正确完成高压线束的拆装作业	20分				
过程与方法 （40分）	学习态度：主动参与学习，遵守纪律	10分				
	团队合作：与小组成员分工合作，在小组完成任务的过程中所起的作用较大	10分				
	方法能力：具备发现、分析、解决问题的方法与能力	10分				
	现场管理：服从工位安排、执行实训室5S管理规定	10分				
对学生的综合评价与建议						

任务4.3 高压互锁回路的验证

【案例引入】

相对于传统汽车而言，电动汽车的一个重要特点就是车内装有能保证有足够动力性能的高压系统，其高达300V以上的电压以及30A以上的电流随时考验着车载高压用电器的使用安全性。因此对于电击防护来说，车辆自身应设置高压电气系统防护措施，当车辆高压可能危及人员安全时，应及时进行高压断电。

【任务要求】

1）了解电动汽车常见的高压断电设置。

2）了解高压互锁的结构组成，并能对照实车找出对应零部件。

3）熟知实车上高压互锁回路的组成，明确各个回路涉及的针脚。

4）掌握高压互锁装置的检查方法和步骤。

学习参考

1. 绝缘阻值监测

绝缘电阻监测即通过检测动力系统正、负极母线对车身地的绝缘电阻来判断是否存在绝缘故障。当动力蓄电池或负载侧的绝缘阻值低于安全值时，车辆自动切断高压电源。图4-30所示为绝缘监测系统硬件框图。

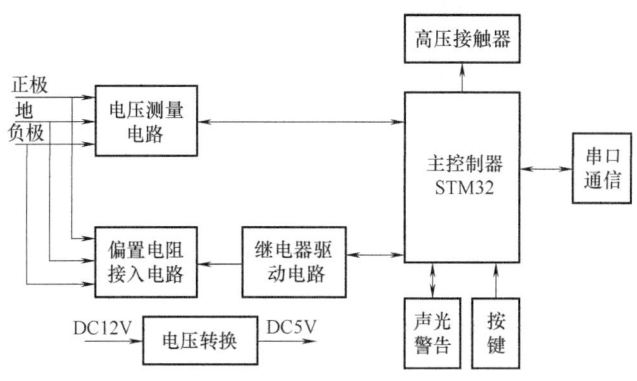

图4-30 绝缘监测系统硬件框图

2. 高压互锁的认知

（1）高压互锁的作用 电动汽车高压互锁也指危险电压互锁回路，通过使用电气小信号来检查车辆高压器件、电路、插接器及护盖的电气完整性，若识别出回路异常断开时，则会在极短的时间内断开高压电，保障用户安全。

高压互锁回路设计的目的：

1）整车在高压上电前确保整个高压系统的完整性，使高压处于一个封闭的环境下工作，从而提高安全性。

2）在整车运行过程中，高压系统回路断开或者完整性受到破坏时，需要启动安全防护。

3）防止带电插拔高压插接器给高压端子造成的拉弧损坏，如图4-31所示。

（2）高压互锁的分类 依据互锁防护设计角度的不同，电动汽车的互锁分为环路互锁和功能互锁两大类。

1）环路互锁。环路互锁主要是从电气回路连续性（完整性）的角度而设计的，用来监测电气回路是否存在断路的情况。

2）功能互锁。功能互锁主要从系统功能的角度来进行防护，如电动汽车高压系统断电后采用电阻放电、充电时电动汽车就不能意外地起动等。

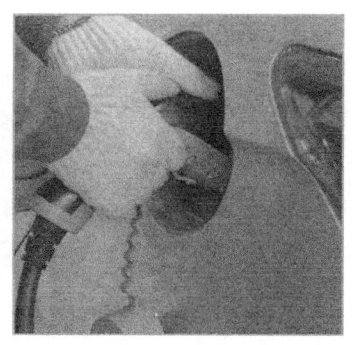

图4-31 安全防护

（3）高压互锁的组成

1）互锁回路。高压互锁信号回路包括两部分，一部分用于监测高压供电回路的完整性，一部分用来监测所有高压部件保护盖是否非法开启，如图4-32所示。

高压互锁信号线与高压电源线并联，将所有的连接串接起来组成一个完整的回路，高压部件保护盖与盒盖开关联动，盒盖开关串联在高压互锁信号回路中。

若高压互锁回路内某一部位未连接到位，则互锁信号送入整车控制器内，整车控制器就不使动力蓄电池对外供电。

2）互锁监测器。监测器分为两类：第一类是高压插接器监测器，用于监测高压插接器连接情况；第二类是高压部件保护盖监测器，用于监测高压部件的保护盖是否开启。

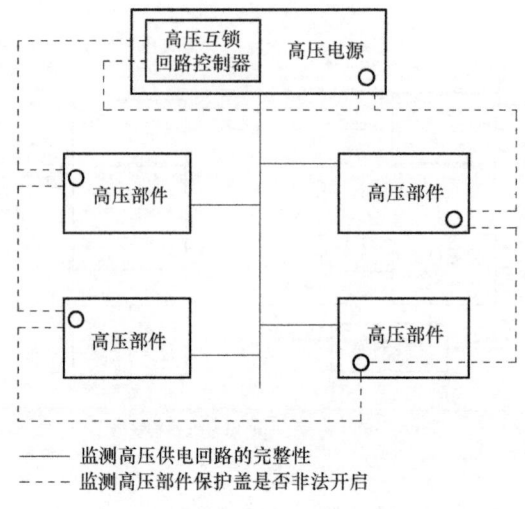

—— 监测高压供电回路的完整性
- - - - 监测高压部件保护盖是否非法开启

图 4-32 高压互锁回路组成

① 高压插接器监测器。图 4-33 所示为动力蓄电池高压母线互锁监测器。其工作原理如下：当动力母线拔出时，监测器随之断开，高压互锁回路触发高压断电信号，整车控制器将切断高压电路，以保障用户的操作安全。

② 高压部件保护盖监测器。高压部件保护盖监测器（图 4-34）通常由两部分组成，其一端安装于高压部件保护盖上，另外一端安装于高压部件主体内部。其原理如下：当高压部件保护盖打开时，其两端断开，高压互锁回路就会触发高压断电信号。

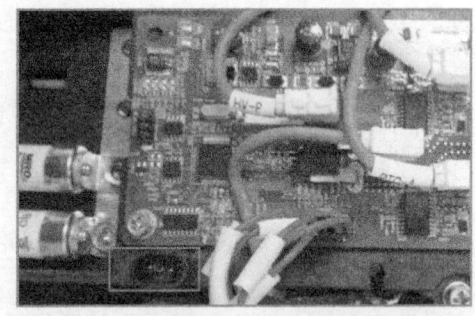

图 4-33 动力蓄电池高压母线互锁监测器　　　　图 4-34 高压部件保护盖监测器

3）自动断路器。自动断路器用于高压互锁系统切断高压源的执行部件，其原理与继电器类似，设置原则如下：

① 自动断路器需要尽可能地接近蓄电池包，以减少断电时继续蓄能的电路。

② 自动断路器的初始状态应为常开，需要控制器给予安全信号才能闭合，以避免高压电路误接通。

③ 复位自动断路器要求操作者施加额外的信号，需确认当前为已消除高压危险的情况才能复位。

④ 自动断路器应具有自诊断的能力，将其内部的故障检测出来并予以显示。如果不能正常工作，则整车需要特殊处理。

⑤ 自动断路器即使是在出现供电电压过低的情况下也应能操作。

⑥ 自动断路器需要提供一个输出信号，提前通知其他用电负载，使之能在断电之前有提前响应的时间。

⑦ 行驶过程中等特殊情况不能强行断开。

（4）高压互锁的控制策略

1）故障报警。在所有工况下，高压互锁系统都对整车系统进行检测。一旦识别电气系统存在危险，车辆对危险情况做出报警提示，通过仪表或指示器以声或光报警的形式提醒驾驶人及时送车维修。

2）切断高压源。当电动汽车处于停止状态时，高压互锁系统在识别严重危险情况时，除了进行故障报警，系统控制器将断开自动断路器，使高压源被彻底切断，避免可能发生的高压危险。

3）降功率运行。当电动汽车处于高速行驶工况时，高压互锁系统在识别到危险情况时，不能立即切断高压源，首先通过报警提示驾驶人，然后使控制系统降低电动机的运行功率，使车辆速度降低，以使整车高压系统在负荷较小的情况下运行，尽量降低发生高压危险的可能性，同时允许驾驶人能够将车辆停到安全位置。

（5）典型车型的高压互锁回路实例　以北汽新能源 EV200 电动汽车为例，其高压互锁回路如图 4-35 所示，可分为三部分：动力蓄电池高压互锁回路、电机控制器高压互锁回路和机舱高压互锁回路。

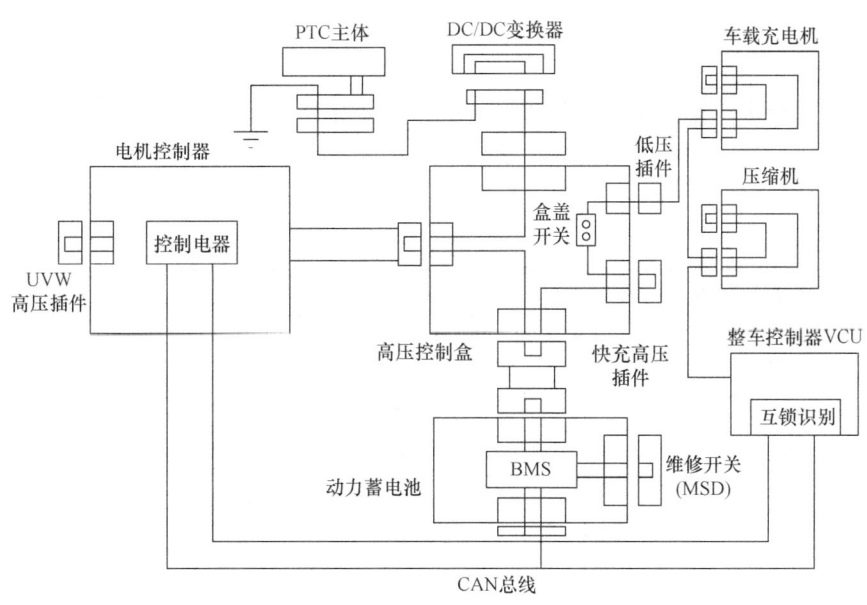

图 4-35　北汽新能源 EV200 电动汽车高压互锁回路

1）动力蓄电池高压互锁回路。共包括两部分：①由快充高压插件端口和 BMS 构成的互锁回路；②由 BMS 和 MSD（维修开关）构成的互锁回路。

2）电机控制器高压互锁回路。主要由电机控制器控制电路和 UVW 高压插件构成。

3）机舱高压互锁回路。机舱高压互锁回路主要由整车控制器 VCU、压缩机、车载充电机、高压控制盒、DC/DC 变换器和 PTV 主体构成。

【制订实训计划】

1. 岗位任务

一辆北汽新能源 EV 系列电动汽车驶进 4S 店做维护。该车行驶里程为 90000km，车主反映该车有时发出高压绝缘失效故障警告。维修人员试车初步判断为高压线束绝缘故障，需要查找故障点并修复。

2. 教师布置任务

检查高压线束的互锁装置。

3. 小组制订计划

根据高压互锁回路的检测方法和任务要求，确定所需要的技术资料，并对小组成员进行合理分工。

（1）需要的检测仪器、工具

1）电动汽车维护工具套装。

2）翼子板护裙、转向盘护套、变速杆护套、座椅护套和脚垫。

3）电动汽车维修手册。

4）电动汽车整车或实训台架。

（2）小组成员分工

1）小组分组，每组 4~6 名成员。

2）小组进行分工决策并制订任务实施计划，完成表 4-12 和表 4-13 的填写。

3）电动汽车高压互锁结构、原理、系统维护、常见故障检修分别由专门组员进行资讯认知，同时由专门组员进行记录。

表 4-12   小组成员分工决策

序号	操作人员	任 务
1		
2		
3		
4		
5		

表 4-13   任务实施计划

序号	工作步骤	使用工具	注意事项	操作人员
1				
2				
3				
4				
5				

【技能训练】

1. 高压线束的检查与维护

电动汽车高压线束的检查内容如下：

1）检查高压插接件互锁针脚，观察是否存在针脚退针的现象（图4-36）。若存在退针，则应进行检修或更换。

2）分别检查PTC、DC/DC变换器、高压控制盒、车载充电机、空调压缩机等高压部件的高低压插接件是否存在接插不牢的现象（图4-37）。若存在，则应重新安装。

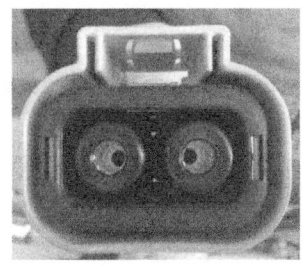

图4-36　高压插接件互锁针脚退针检查

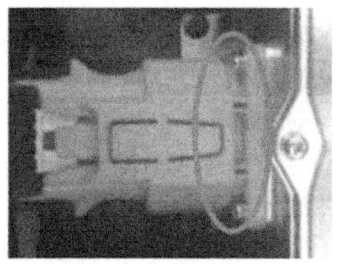

图4-37　插接件安装情况检查

3）分别检查高压控制盒、电机控制器开关端子是否存在损坏的情况（图4-38）。若存在，则应进行检修或更换。

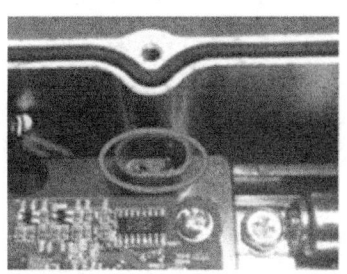

图4-38　开关端子检查

2. 高压互锁装置端子查找

图4-39所示为北汽新能源EV200电动汽车高压互锁回路连接示意图，根据电路在括号中标注出各高压互锁端子的代号。

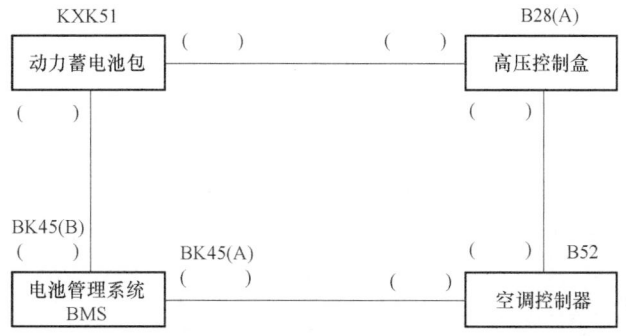

图4-39　高压互锁回路示意图

3. 高压互锁回路的验证

以北汽新能源EV200电动汽车为例，其整车控制器（VCU）的插接端口如图4-40所示，进行相关部件高压互锁回路的验证。

		87												63
1	2	62												44
3														
4	5	43												25
		24												6

图 4-40　整车控制器（VCU）插接端口

（1）整车控制器（VCU）至空调压缩机的高压互锁线路验证　检测步骤如下：

1）在低压、高压断电前提下，拔掉 VCU 和空调压缩机的低压插接件，进行 VCU 的端子 V13 与空调压缩机端子 2 的导通性测试，并记录数据。

2）在压缩机插接件断开和接通两种状态下，分别在压缩机低压控制端进行端子 2 和 3 的导通性测试。

3）记录相关数据，并判断该电路的高压互锁是否正常。

（2）空调压缩机至车载充电机的高压互锁回路验证　检测步骤如下：

1）在低压、高压断电前提下，断开车载充电机的低压插接件，进行空调压缩机的端子 3 与车载充电机端子 5 的导通性测试，并记录数据。

2）在车载充电机插接件断开和接通两种状态下，分别在车载充电机低压控制端进行端子 13 和 5 的导通性测试。

3）记录相关数据，并判断该电路的高压互锁是否正常。

（3）车载充电机至高压配电箱的高压互锁回路验证　检测步骤如下：

1）在低压、高压断电前提下，断开高压配电箱的低压插接件，进行车载充电机的端子 13 与高压配电箱端子 11 的导通性测试，并记录数据。

2）拔下高压配电箱的快充插接件，进行高压配电箱低压端口端子 11 和 4 的导通性测试。

3）记录相关数据，并判断该电路的高压互锁是否正常。

【实训工单】

第一环节：教师讲解并进行演示。

教师在实训台架上讲解电动汽车高压互锁系统的原理和控制策略，对于关键的步骤进行现场演示，并说明注意事项。

第二环节：学生现场按照以下步骤实施任务。

完成纯电动汽车的检查与维护，并记录信息。

1）对纯电动汽车进行作业前检查和整车安全防护、高压系统断电，并做好绝缘防护。

① 作业前现场环境检查。

作业内容：
作业结果：

② 作业前防护用具检查。

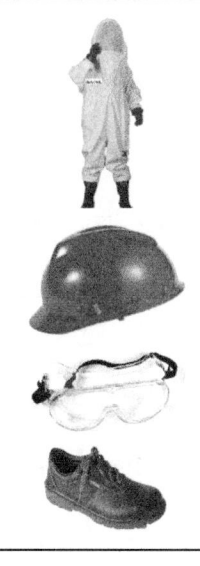

作业内容：
作业结果：

③ 作业前工具、仪表检查。

作业内容：
作业结果：

④ 作业前车辆检查。

作业内容：
作业结果：

2）验证机舱高压互锁回路。

	拔掉 VCU 和压缩机的低压插接件，进行 VCU V13 与压缩机低压插接件端子 2 的导通性测试	□导通　□不导通
	在压缩机高压插接件断开和连接两种状态下，分别在压缩机低压控制端口进行端子 2 和 3 导通性测试	□导通　□不导通

3）验证空调压缩机至车载充电机的高压互锁电路。

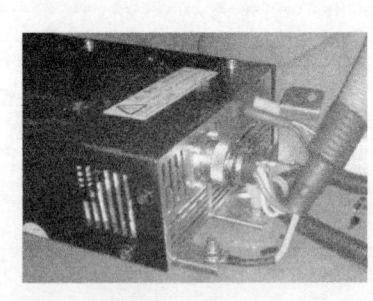	断开车载充电机的低压插件，检测空调压缩机低压插件端子 3 和车载充电机低压插件端子 5 的导通性	□导通　□不导通
	在车载充电机高压插件断开和连接两种状态下，分别在车载充电机低压端口检测端子 13 和 5 的导通性	□导通　□不导通
	检查结论：	

4）验证车载充电机至高压配电箱的高压互锁回路。

	断开高压配电箱的低压插件，检测车载充电机低压插件端子 13 和高压配电箱低压插件端子 11 的导通性	□导通　□不导通
	断开高压配电箱的快充插件，检测高压配电箱低压端口端子 11 和快充插件端口端子 4 的导通性	□导通　□不导通
	检查结论：	

第三环节：任务实施完成后，各小组负责清理工具和量具等，清洁地面卫生。

【检验评估】

通过实际检测高压互锁装置，对任务进行评估，并将结果记录在表 4-14 中。

检查检修计划和任务实施工单，对学生的掌握情况进行评估。

1）各组汇报工作过程与过程中遇到的问题，并说明解决方法。

2）自评与互评。

3）教师点评、总结学生的参与度、学习态度、专业能力、关键能力。

4）教师填写学业评估表。

表4-14　学业评估表

评 价 内 容	检 验 指 标	分值	自评	互评	师评	总评
知识与技能 （60分）	能叙高压系统安全防护策略	10分				
	能叙述高压互锁的原理和作用	10分				
	能正确完成高压系统的基本检查	20分				
	能正确完成高压互锁回路的检查作业	20分				
过程与方法 （40分）	学习态度：主动参与学习，遵守纪律	10分				
	团队合作：与小组成员分工合作，在小组完成任务的过程中所起的作用较大	10分				
	方法能力：具备发现、分析、解决问题的方法与能力	10分				
	现场管理：服从工位安排、执行实训室5S管理规定	10分				
对学生的综合评价与建议						

项目5 ▸▸▸
电动汽车辅助系统的检查与维护

任务 5.1 电控空调系统的检查与维护

【案例引入】

炎热的夏季即将到来，维修站推出一项新的增值服务——免费为客户进行汽车空调检查与维护，接到通知的车主来维修站接受该项服务。维修人员要根据技术标准要求，在规定时间（参照维修资料）内对空调系统进行检查，完成规定项目的检测、调整，必要时进行制冷剂的加注与回收，并为客户提供相应的技术咨询服务。

【任务要求】

1）能描述电动汽车空调系统的功能、组成及工作原理。

2）能指出电动汽车空调系统各元件的具体位置。

3）能完成电动汽车空调系统的检查与维护作业。

学习参考

电动汽车空调系统的认知

（1）电动汽车空调系统的类型　传统燃油汽车利用发动机产生的动能驱动空调系统工作，而电动汽车以动力蓄电池组作为能量源，其空调系统在结构与工作原理上区别于燃油汽车的空调。由于动力蓄电池组的容量有限，空调系统对能量消耗是影响电动汽车续驶里程的重要因素。因此，电动汽车空调系统对节能高效的要求高于传统燃油汽车。同时，电动汽车空调系统必须解决制冷、制热两大问题。目前电动汽车空调可分为热电偶空调系统和电动热泵空调系统两种类型。

（2）电控空调的结构　电控空调系统的组成如图5-1所示。电控空调系统的组成与常规车型类似，主要由 HVAC 总成、空调风管总成、空调管路总成、空调压缩机、冷凝器、空调控制面板及其相关传感器、空调驱动器等组成。其中，空调驱动器与 DC/DC 变换器布置于同一壳体中，位于机舱左侧，由电加热模块（PTC）取代了暖风芯体。

1）HVAC 总成。HVAC 总成由出口温度传感器、鼓风机脉宽调节模块、高电压 PTC 加热器三部分组成，如图5-2所示。

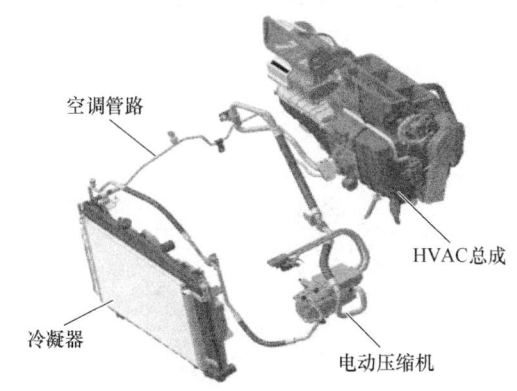

图 5-1 电控空调系统的组成

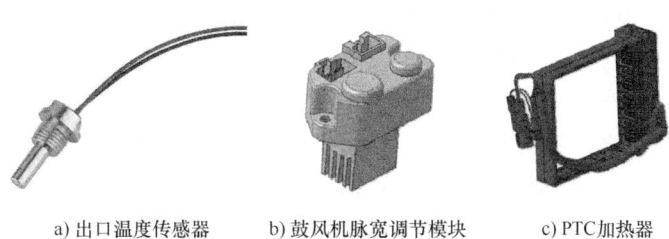

a) 出口温度传感器　　　b) 鼓风机脉宽调节模块　　　c) PTC加热器

图 5-2 HVAC 总成元件

空气通过管道在 HVAC 系统中流动，风门通过全部或部分打开或关闭管道的分段，控制空气的流动方式，HVAC 通过风门执行器控制风门的开度，执行器位置可由驾驶人使用再循环按钮或由 HVAC 系统根据车内空气质量传感器的数据进行控制。

如图 5-3 所示，HVAC 的工作模式包括制冷和制热两种。

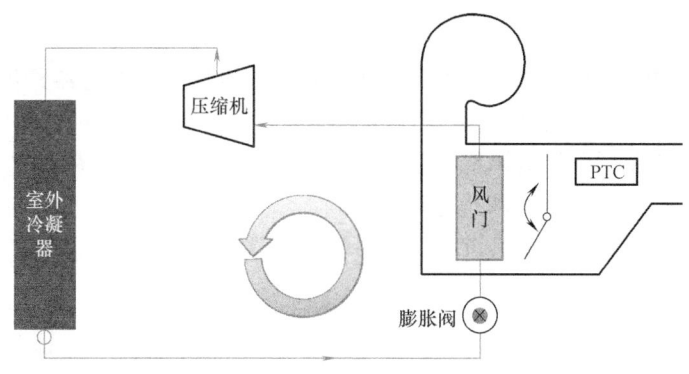

图 5-3 HVAC 的工作模式

① 制冷模式。HVAC 使经过膨胀阀降压后的液态制冷剂在蒸发器内沸腾蒸发，吸收蒸发器表面周围空气的热量而降温，风扇将冷空气吹送到车厢内，达到降温的目的。此时风门应关闭，冷空气不经过 PTC 主体。

② 制热模式。风门执行器将暖气（换热器）和冷风（蒸发器）混合，以达到设定的空气温度。此时风门应开启，空气经过 PTC 主体吹送到车厢内，达到升温的目的。

2）空调压缩机。以比亚迪 e6 电动汽车为例，其电控空调压缩机（图 5-4）参数如下：

工作电压：320V。

制冷剂型号和加注量：R134a/550g。

压缩机油型号和加注量：RL68H/120ml。

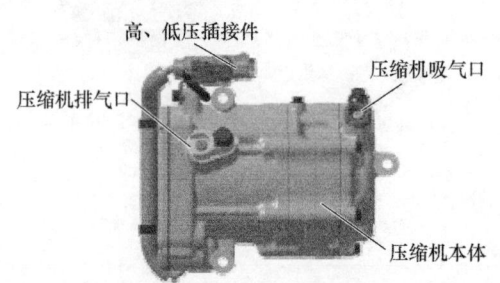

图 5-4　电控空调压缩机

3）PTC 加热器。电动汽车空调系统的工作效率和利用率是影响续驶里程的重要因素。由于空调制热将损耗更多的电能，必须通过电子控制技术优化加热功能。

目前，大多数电动汽车使用 PTC 加热器（图 5-5）来产生暖风。PTC（Positive Temperature Coefficient）即正温度系数的半导体材料或元器件。PTC 热敏电阻是一种典型具有温度敏感性的半导体电阻，超过一定的温度时，其电阻值随着温度的升高呈阶跃性地增高。

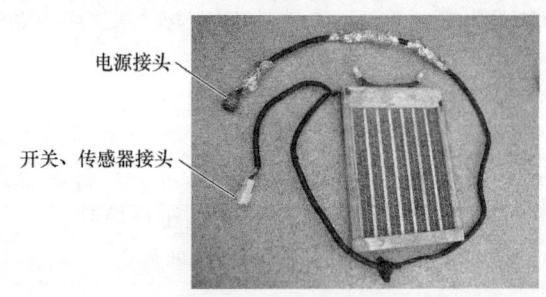

图 5-5　PTC 加热器

根据 HVAC 的工作原理可知，电动汽车制热是通过调节风门执行器开度，送风至高电压PTC 加热器进行替换，采用电加热器直接加热 HVAC 内部空气。PTC 加热器的特点主要包括：

① 采用 PTC 加热器制造的暖风机具有较好的调温与节能特性、极低的热惯性和无明火、无辐射的安全性，以及良好的抗振性等。

② 通过 PTC 控制模块采集加热请求，同时根据 VCU 控制信号、PTC 总成内部传感器温度反馈等信号综合控制 PTC 的通断（图 5-6）。

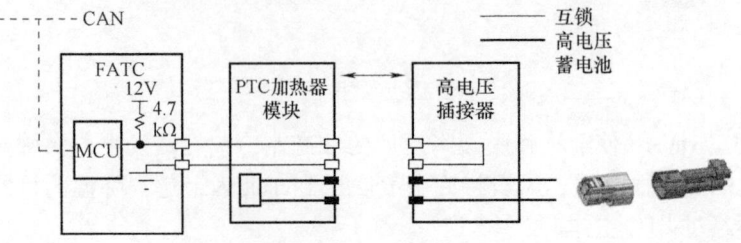

图 5-6　PTC 加热原理

③ PTC控制模块采集的信息内容包括风速、冷暖程度设置、出风模式、加热器起动请求、环境温度。

【制订实训计划】

1. 岗位任务

一辆比亚迪e5系列电动汽车驶进4S店做维护。该车行驶里程为30000km，车主反映该车空调制冷效果变差。维修人员试车初步判断为空调系统电路故障，需要查找故障点并修复。

2. 教师布置任务

电动汽车空调系统的维护。

3. 小组制订计划

根据高压系统检测任务要求，确定所需要的技术资料，并对小组成员进行合理分工。

（1）需要的检测仪器、工具

1）电动汽车维护工具套装。

2）翼子板护裙、转向盘护套、变速杆护套、座椅护套和脚垫。

3）电动汽车维修手册。

4）电动汽车整车或实训台架。

（2）小组成员分工

1）小组分组，每组4~6名成员。

2）小组进行分工决策并制订任务实施计划，完成表5-1和表5-2的填写。

3）小组汇报计划，并根据教师的建议进行修改和完善。

表5-1　小组成员分工决策

序号	操作人员	任　务
1		
2		
3		
4		
5		

表5-2　任务实施计划

序号	工作步骤	使用工具	注意事项	操作人员
1				
2				
3				
4				
5				

【技能训练】

1. 电动汽车空调系统认知训练

指出汽车空调控制系统各部件的名称和安装位置，根据图 5-7 查阅资料并实车观察，填写表 5-3。

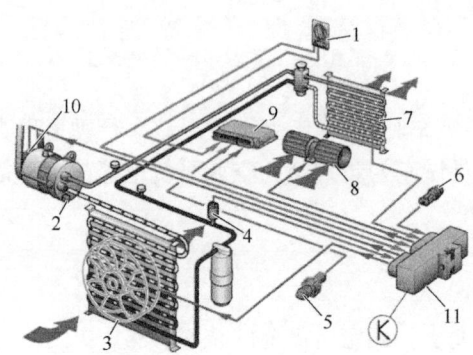

图 5-7　空调系统组成元件

表 5-3　电控空调系统元件的认知

序号	名　　称	位　　置	作　　用
1	空调 A/C 开关	驾驶室仪表板	控制空调电磁离合器的电路接通或断开
2			
3			
4			
5			
6			
7			
8			
9			
10			
11			

2. 电动汽车空调基本检查

汽车空调的空气滤清器维护清洁或更换是汽车空调的常见维护项目。下面介绍空调滤清器的更换步骤。

1）确认空调滤芯安装位置，空调滤芯位于前排乘员侧前风窗下的杂物盒后面。

2）双手向内压下杂物盒两侧，用力卸下杂物盒，如图 5-8 所示。

3）确定空调滤芯的位置。

4）将空调滤芯轻轻取下，如图 5-9 所示。注意不要用力过大，以免损坏相关部件。

5）在平地或硬物处轻轻磕打空调滤芯，有条件的可

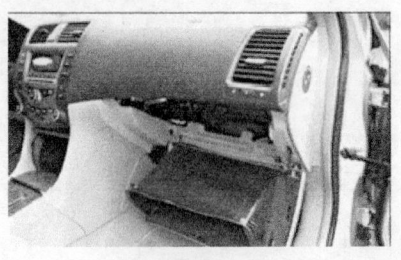

图 5-8　卸下杂物盒

以用压缩空气吹空调滤芯，或用小刷子擦拭。

6）将清理后或更换的空调滤芯安装回原位，如图 5-10 所示。

7）将杂物盒安装回原位。

 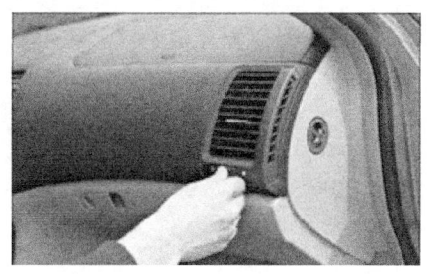

图 5-9　取下空调滤芯　　　　　　　　图 5-10　安装复位

3. 电动汽车空调制冷剂加注

按照以下步骤完成作业：准备工作→检漏→视情清洗→抽真空→补充冷冻油→加注制冷剂→检测→完成加注。

（1）准备工作　以 AC350C 制冷剂回收加注机为例，介绍空调制冷剂的加注过程，如图 5-11 所示。

1）将设备的红色软管与系统高压端相连，蓝色软管与系统低压端相连。

2）打开电源开关，按下"数据库"按键，查找加注量，检查工作罐中制冷剂净重；按"充注"键，进入充注界面；充注完成，关闭高压阀。

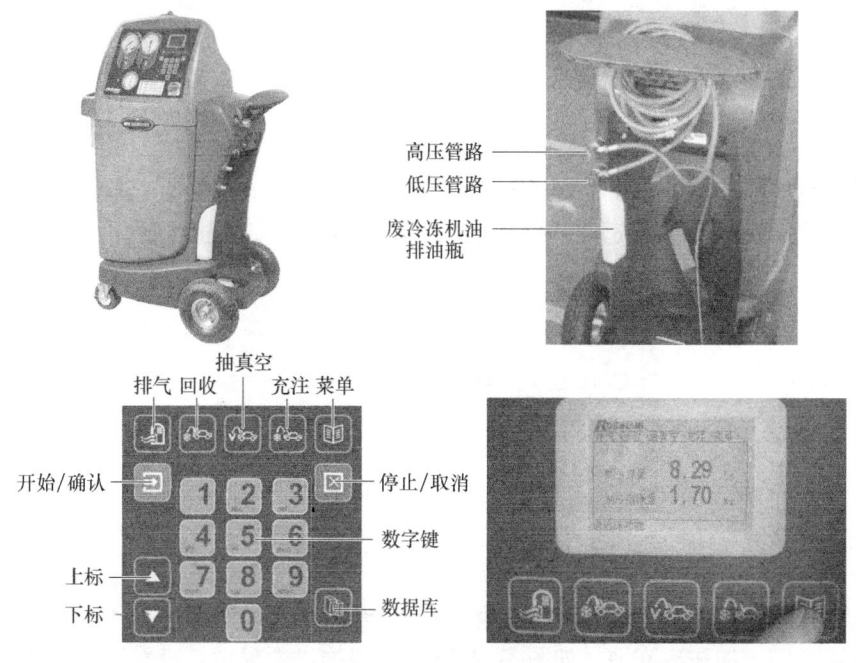

图 5-11　AC350C 制冷剂回收加注机

3）关闭控制面板上的高、低压阀门，从车上取下高、低压软管，打开空调，选择"自检漏"菜单，按"确认"键；根据屏幕提示（图 5-12），打开高、低压阀，指针应指在负压

（-90kPa）下。若始终不在负压下，说明回收机或管路有较大的泄漏。

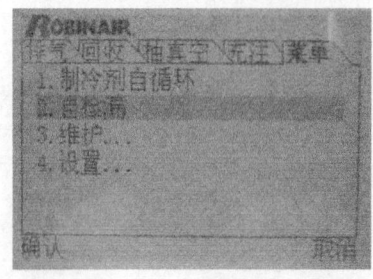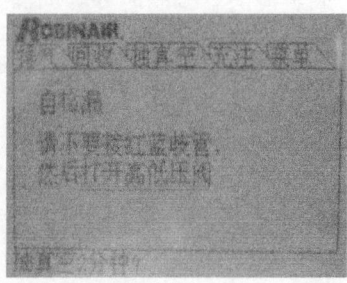

图 5-12 检测泄漏控制面板

（2）抽真空 抽真空的目的是排除制冷系统内残留的空气和水分，同时可检查系统的密闭性。抽真空前，检查压力表示值，制冷装置中的压力应低于70kPa，若超过该压力，应重新进行回收操作，直到压力达到要求。

如图 5-13 所示，选择"抽真空"键，按数字键选择抽真空时间（在达到要求的真空度时，应继续抽真空操作，持续时间不少于15min，以充分排除制冷装置中的水分）。抽真空至系统真空度低于 -90kPa；抽真空时间结束后，设备自动停止真空泵工作。

图 5-13 选择抽真空

（3）加注制冷剂 首先，在压缩机的标牌上查找系统冷冻油型号，选择与系统同一型号的冷冻油，如图 5-14 所示。将适量的冷冻油加入注油瓶内，安装注油瓶。

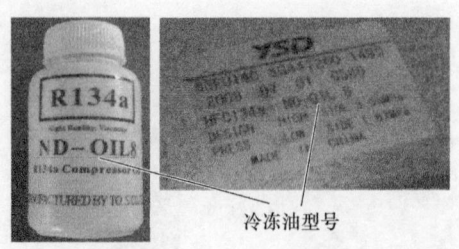

冷冻油型号

图 5-14 选择冷冻油

然后采用单管加注，关闭低压阀（防液击），打开高压阀，如图 5-15 所示。

按"确认"键，加注冷冻油，如图 5-16 所示（根据界面提示，查看注油瓶液面刻度数值的变化，液面应在 L_1 和 L_2 之间）。在加注过程中，必须一直观察注油瓶内的液面，达到补充量后及时按"确认"键，暂停加注冷冻油。确认加注量达到要求后，按"取消"键，结束加注冷冻油。完成加注冷冻油，警告灯闪 3 次，蜂鸣器同时发 3 声"滴"，准备充注制冷剂。

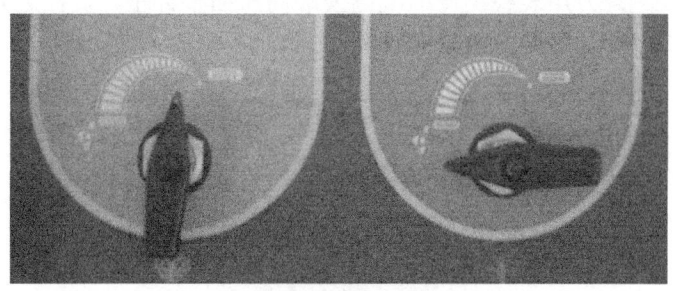

图 5-15　关闭低压阀、打开高压阀

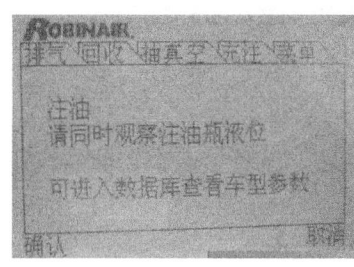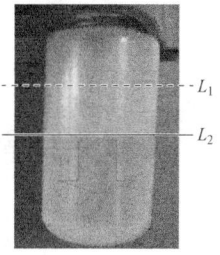

图 5-16　冷冻油液位检查

查询设备数据库，确定制冷剂类型和加注量。

如图 5-17 所示，按"确认"键，进入制冷剂加注界面；按"数字"键，选择加注制冷剂的量，按"确认"键加注制冷剂。

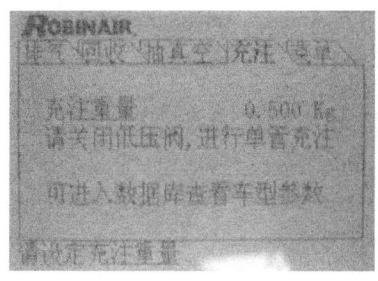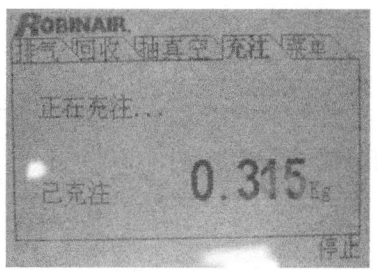

图 5-17　加注制冷剂确认

最后，观察警告灯闪 3 次，蜂鸣器同时发 3 声"滴"。根据界面显示，高压快速接头逆时针旋转，将加注管与制冷系统断开。按"确定"键对管路进行清理，关闭控制面板上的阀门，从车上取下高、低压软管。

4. 电动汽车空调压缩机控制器绝缘性检查

电动汽车的空调压缩机属于高压部件，需检查空调压缩机正、负极的绝缘电阻是否正常。以北汽 EV200 电动汽车为例，如图 5-18 所示，空调压缩机控制器绝缘电阻的检查步骤如下：

1）检查控制器绝缘电阻。在整车低压、高压系统断电的前提下，用绝缘万用表测试空调压缩机的高压端子与外壳的绝缘电阻是否符合标准。注意：标准绝缘电阻值要求大于 5MΩ，否则应检修或更换。

2）检查插接件绝缘电阻。在整车低压、高压系统断电以及电容完全放电的前提下，拔出母端高压插接件，用绝缘万用表检测压缩机侧公端高压插接件正、负极之间的电阻，其标准值范围应为 1.7 ~ 2.0 MΩ，否则应检修或更换。

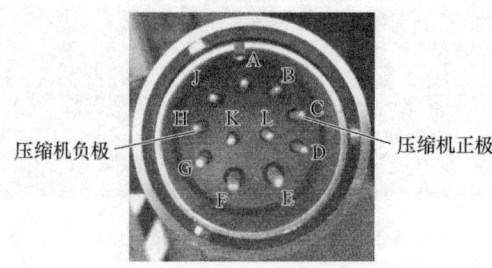

压缩机负极　　　　　　　　　　　　　压缩机正极

图 5-18　压缩机控制器绝缘检测端子

【实训工单】

第一环节，教师讲解并进行演示。

教师先在实训车辆上讲解空调系统的组成、功能、分类，然后演示空调的操作方法，并说明空调的检查与维护要点。

第二环节，学生在现场按照以下步骤完成任务。

1）作业前现场环境检查。

作业内容：
作业结果：

2）作业前防护用具检查。

作业内容：
作业结果：

3）作业前工具、仪表检查。

作业内容：
作业结果：

4）作业前车辆检查。

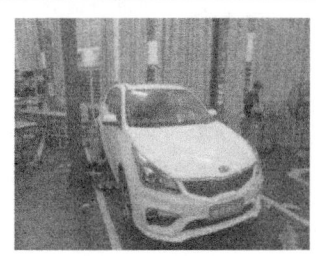

作业内容：
作业结果：

5）空调冷暖风功能检查。

进入车内，打开空调开关。调节温度控制旋钮，将其调整到冷风	是否有冷风	□是　□否
切换空调冷风出风模式，依次切换"吹脸""吹脚"模式，检查风量是否足够	风量是否足够	□是　□否
调节温度控制旋钮，将其调整到暖风，切换空调出风模式到车窗除雾或除湿，调节温度控制旋钮	是否有暖风	□是　□否
切换空调暖风出风模式，依次切换"吹脸""吹脚"模式，检查风量是否足够	风量是否足够	□是　□否
切换出风模式到"风窗除霜"状态，检查出风口处是否有暖风	是否有暖风	□是　□否

6）检查空调压缩机及线束插接件状态。

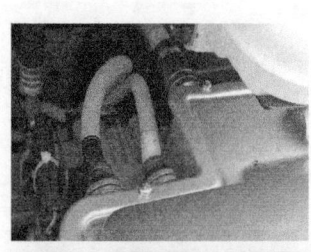
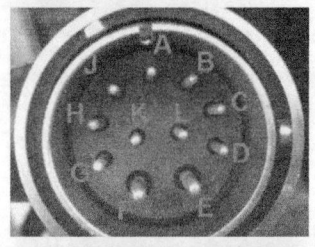
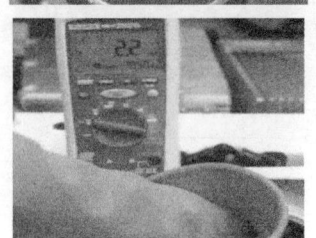

拔掉高压控制盒端头高压附件线束插头。将绝缘电阻表黑表笔接于车身，红表笔逐个接高压控制盒端子（动力蓄电池输入，电机控制器输出）

		动力蓄电池高压电缆	□连接　□拔下
		电机控制器电缆	□连接　□拔下
		高压附件线束	□连接　□拔下
动力蓄电池输入端	正极阻值	标准值： 测量值：
	负极阻值	标准值： 测量值：
	绝缘阻值	□是　□否
电机控制器输出端	正极阻值	标准值： 测量值：
	负极阻值	标准值： 测量值：
	绝缘阻值	□是　□否
检查结论：		

当汽车空调装置出现故障时，为核实系统的实际情况，需操作空调进行检查。根据提示进行空调操作检查，并做好检查记录。

7）空调系统功能检查。

① 系统检查。检查空调系统正常工作时有无异响和异味。检查结果：＿＿＿＿＿＿＿＿（正常/不正常）。

② 检查低压回路的结霜情况，表面结霜为正常。检查结果：＿＿＿＿＿＿＿＿（正常/不正常）。

③ 检查冷凝器散热风扇是否正常工作。检查结果：＿＿＿＿＿＿＿＿＿＿＿＿。

④ 检查压缩机电磁离合器跳合时间是否正常。检查结果：＿＿＿＿＿＿＿＿＿＿＿。

第三环节：任务实施完成后，各小组负责清理工具和量具等，清洁地面卫生。

【检验评估】

通过实际认知汽车空调系统，对任务进行评估，并将结果记录在表5-4中。

检查检修计划和任务实施工单，对学生的掌握情况进行评估。

1）各组汇报工作过程与过程中遇到的问题，并说明解决方法。

2）自评与互评。

3）教师点评、总结学生的参与度、学习态度、专业能力、关键能力。

4）教师填写学业评估表。

表 5-4　学业评估表

评价内容	检验指标	分值	自评	互评	师评	总评
知识与技能 （60分）	能叙述电控空调系统的应用情况	5分				
	能叙述电控空调系统的特点	5分				
	能描述电控空调系统的结构与组成	10分				
	能在实车上正确找到对应的元件	20分				
	能正确认知各元件的作用	20分				
过程与方法 （40分）	学习态度：主动参与学习，遵守纪律	10分				
	团队合作：与小组成员分工合作，在小组完成任务的过程中所起的作用较大	10分				
	方法能力：具备发现、分析、解决问题的方法与能力	10分				
	现场管理：服从工位安排、执行实训室5S管理规定	10分				
对学生的综合评价与建议						

任务 5.2　电动真空助力制动系统的检查与维护

【案例引入】

一辆电动汽车出现制动故障，车主反映该车在制动过程中出现制动踏板发硬、踩不下去等现象。维修人员初步判断为制动系统故障。

【任务要求】

1）能描述电动真空助力制动系统的组成、结构和分类。

2）能分析电动真空助力制动系统的工作原理。

3）能利用专用工具检查电动真空助力制动系统的性能，并进行相应的调整作业。

学习参考

1. 电动真空助力制动系统

（1）定义　制动系统是汽车安全系统，是汽车上用以使外界（主要是路面）在汽车某些部分（主要是车轮）施加一定的力，从而对其进行一定程度的强制制动的一系列专门装置。

电动汽车发动机总成被拆除后，制动系统由于没有真空动力源而丧失真空助力功能，仅由人力所产生的制动力无法满足行车制动的需要，因此需要对制动系统真空助力装置进行改制，而改制的核心是有产生足够压力的真空源，这就需要为制动系统增加电动真空泵。

（2）作用　使行驶中的汽车按照驾驶人的要求进行强制减速甚至停车；使已停驶的汽车在各种道路条件下（包括在坡道上）稳定驻车；使下坡行驶的汽车速度保持稳定。

（3）分类　包括3种类型：电动真空助力制动、电子机械式制动和电子液压式制动。

（4）组成结构 电动汽车制动系统的结构如图 5-19 所示，包括以下部分：

1）供能装置：包括供给、调节制动所需能量以及改善传动介质状态的各种部件。

2）控制装置：产生制动动作和控制制动效果的各种部件。

3）传动装置：包括将制动能量传输到制动器的各个部件，如制动主缸、轮缸。

4）制动器：产生阻碍车辆运动或运动趋势的部件。

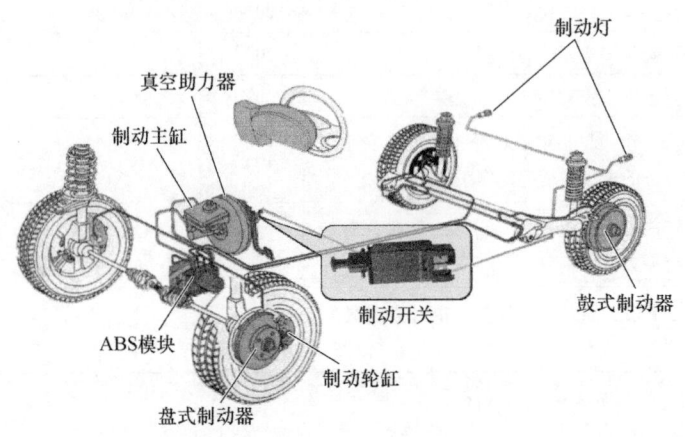

图 5-19 汽车制动系统

（5）关键部件 制动系统关键部件有真空助力器、电动真空泵、真空罐和制动器。

1）真空助力器。如图 5-20 所示，在非工作的状态下，控制阀推杆回位弹簧将控制阀推杆推到右边的锁片锁定位置，真空阀口处于开启状态，控制阀弹簧使控制阀皮碗与空气阀座紧密接触，从而关闭了空气阀口。此时助力器的真空气室和应用气室分别通过活塞体的真空气室通道与应用气室通道经控制阀腔相通，并与外界大气相隔绝。

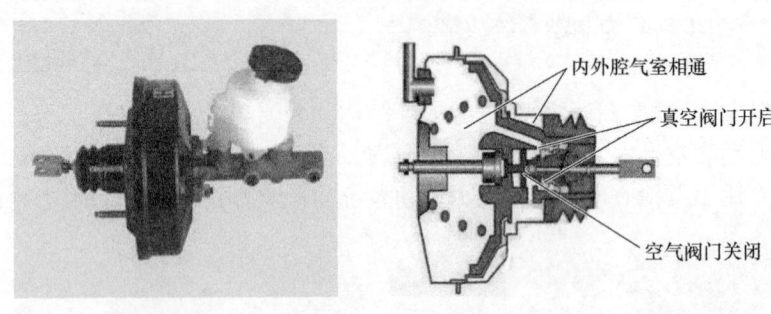

图 5-20 真空助力器

如图 5-21 所示，当进行制动时，制动踏板被踏下，制动踏板力经杠杆放大后作用在控制阀推杆上。首先，控制阀推杆回位弹簧被压缩，控制阀推杆连同空气阀柱前移。当控制阀推杆前移到控制阀皮碗与真空阀座相接触的位置时，真空阀口关闭。此时，助力器的真空、应用气室被隔开，空气阀柱端部刚好与反作用盘的表面相接触。随着控制阀推杆继续前移，空气阀口将开启。外界空气经过滤气后通过打开的空气阀口及通往应用气室的通道，进入助力器的应用气室（右气室），伺服力产生。

2）电动真空泵。电动真空泵是为汽车真空助力系统提供真空负压的装置，如图 5-22 所示。电动真空泵依据车型的不同可分为可控式电动真空泵和可调式电动真空泵两种。可控式

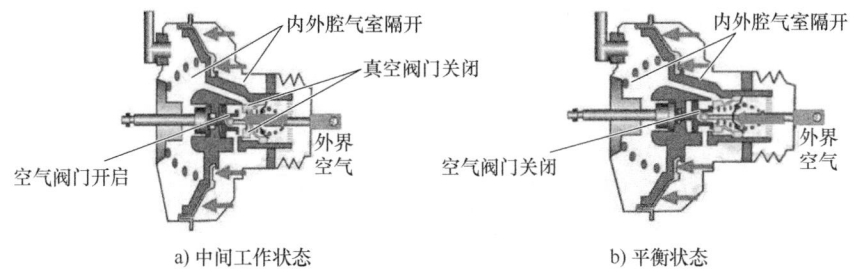

a) 中间工作状态　　　　　　　　　　b) 平衡状态

图 5-21　真空助力器工作原理

电动真空泵的控制单元与泵结合在一起，可调式电动真空泵的控制单元与泵体不结合在一起。两种形式的真空泵的结构和功能是相同的。

3）真空罐。如图 5-23 所示，真空罐用于储存真空，产生压力差。

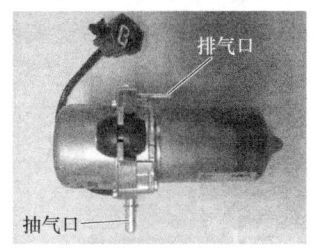

图 5-22　电动真空泵

图 5-23　真空罐

4）制动器。电动汽车所用的制动器，一般前轮为盘式制动器，后轮为鼓式制动器。盘式制动器的效率比鼓式制动器高，但价格比较高。目前使用的盘式制动器（图 5-24）主要为浮动钳盘式制动器，制动钳体是浮动的。制动油缸均为单侧的，且与油缸同侧的制动块总成是活动的，而另一侧的制动块总成固定在钳体上。制动时，在油液压力的作用下，活塞推动活动制动块总成压靠到制动盘，而反作用力则推动制动钳体连同固定制动块总成压向制动盘的另一侧，直到两制动块总成受力均等为止。

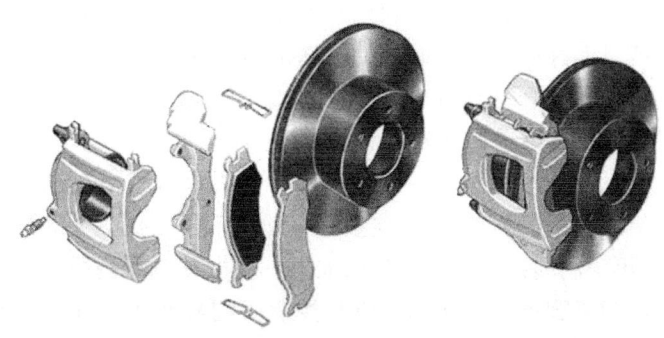

图 5-24　盘式制动器

鼓式制动器（图 5-25）因价格便宜，使用较多，兼有驻车制动的功能。内张型鼓式制动器将制动鼓的圆柱内表面与制动蹄摩擦片的外表面作为一对摩擦表面在制动鼓上产生摩擦力矩，故又称为蹄式制动器。

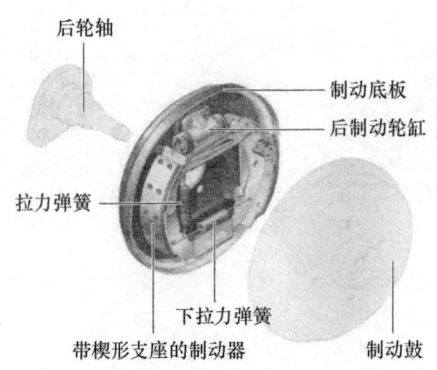

后轮轴

制动底板

后制动轮缸

拉力弹簧

下拉力弹簧

带楔形支座的制动器

制动鼓

图 5-25　鼓式制动器

2. 电动真空助力制动系统的工作原理

电动真空助力系统结构示意图如图 5-26 所示。电动真空助力制动系统的工作过程为：当驾驶人起动汽车时，12V 电源接通，电子控制系统模块开始自检，如果真空罐内的真空度小于设定值，真空压力传感器输出相应电压值至控制器，此时控制器控制电动真空泵开始工作；当真空度达到设定值后，真空压力传感器输出相应电压值至控制器，此时控制器控制真空泵停止工作；当真空罐内的真空度因制动消耗小于设定值时，电动真空泵再次开始工作，如此循环。

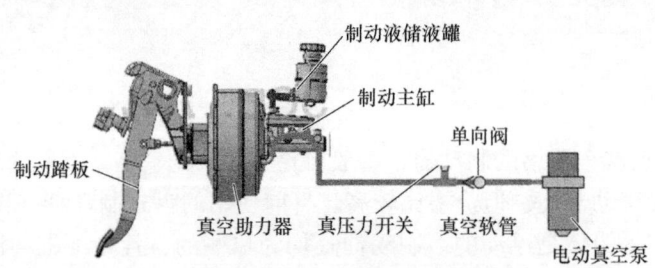

制动液储液罐

制动主缸

单向阀

制动踏板

真空助力器　真空压力开关　真空软管

电动真空泵

图 5-26　电动真空助力系统结构示意图

3. 再生制动系统

再生制动指汽车在一些减速工况下行驶时，通过能量转换装置的工作可以将部分制动能量转换为其他形式的能量储存起来，而储存的这些能量可供汽车驱动时再次利用。在现有的储能装置技术不够完善的限制下，再生制动技术的应用对于提高电动汽车能量的利用效率、解决电动汽车的续驶里程问题有着重要的意义。

电动汽车再生制动系统一般由制动系统控制器、操纵机构、电机制动系统、机械制动系统和能量储存系统等组成。图 5-27 所示为典型的电动汽车再生制动系统的结构。

如图 5-28 所示，再生制动系统的原理分析如下：在电动汽车运行时，当驾驶人踩下制动踏板时，系统产生制动信号到整车控制器，整车控制器明确汽车工作在再生制动模式下，电机以发电机的形式工作，将生成的电量回馈到储能装置（蓄电池），并且反向的电枢电流会产生制动性的转矩，配合机械摩擦制动来降低电动汽车的车速。

4. 电子液压助力制动系统

真空助力器和液压助力器是目前应用广泛的制动辅助装置。液压助力器目前主要应用于质量较大的高级轿车上。电子液压助力制动系统如图 5-29 所示。

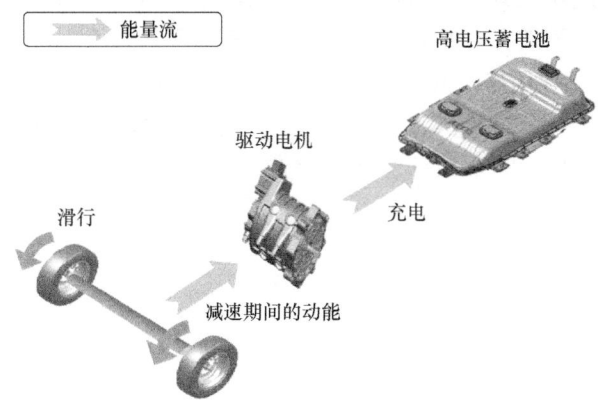

图5-27　电动汽车再生制动系统的结构

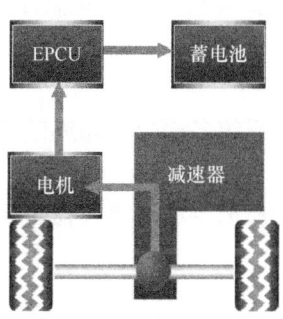

图5-28　再生制动原理

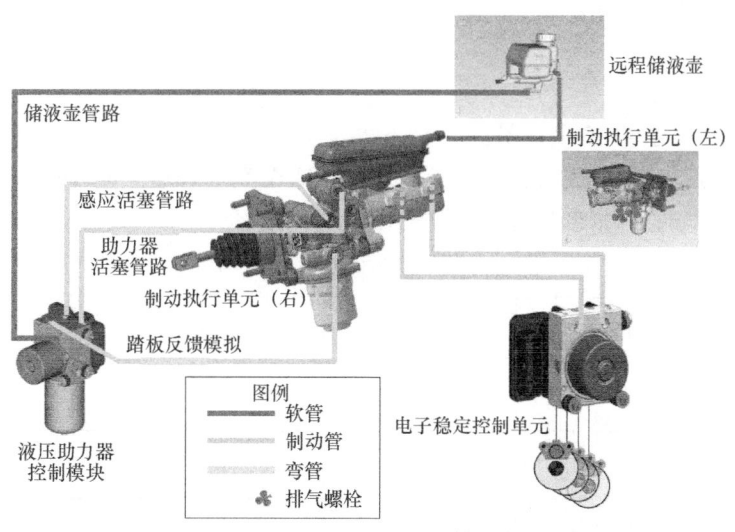

图5-29　电子液压助力制动系统

电子液压助力制动系统的特点如下：

（1）制动操纵机构　其作用类似于真空助力器，通过位移传感器感知制动踏板信号，以提供适当的液压伺服力，通过输出推杆推动制动主缸的活塞产生传统液压制动力。制动主缸与液压助力器通过螺栓联接，液压助力器安装在前围板上，安装方式与真空助力器相同，取代了真空助力器，取消了提供真空源的装置，增加了液压泵。

（2）液压助力模块 利用高压液体产生伺服力，产生高压液体的部分称为压力源模块，包括电机、液压集成块（泵、电磁阀、压力传感器）、高压蓄能器和ECU。电机驱动液压泵从储液罐吸入制动液，将高压的制动液储存在蓄能器内，由蓄能器向液压助力器提供工作所需的高压液体。

【制订实训计划】

1. 岗位任务

一辆比亚迪e6系列电动汽车驶进4S店做维护。该车行驶里程为50000km，车主反映该车在行驶过程中制动时，出现制动踏板抖动现象，感觉制动踏板踩不下去，制动效能下降。维修人员试车初步判断为电动真空助力系统故障，需要查找故障点并修复。

2. 教师布置任务

在实验台架上查找电动真空助力系统各部分，完成任务工单相应内容。

3. 小组制订计划

根据故障现象和任务要求，确定所需要的检测仪器、工具，并对小组成员进行合理分工，制订详细的诊断和修复计划。

（1）需要的检测仪器、工具

1）比亚迪电动汽车、北汽EV160电动汽车各1辆。

2）常用工具3套。

3）车内电器维修手册3本。

4）真空表。

（2）小组成员分工

1）小组分组，每组4~6名成员。

2）小组进行分工决策并制订任务实施计划，完成表5-5和表5-6的填写。

3）小组汇报计划，并根据教师的建议进行修改和完善。

表5-5 小组成员分工决策

序号	操作人员	任 务
1		
2		
3		
4		
5		

表 5-6　任务实施计划

序号	工作步骤	使用工具	注意事项	操作人员
1				
2				
3				
4				
5				

【技能训练】

1. 电动汽车制动系统检查与调整

（1）外观检查　检查制动系统液压管道、接头处有无泄漏、破损、锈蚀。检查制动储液罐液面位置，应处在高（MAX）、低（MIN）位刻线之间，如图 5-30 所示。

（2）制动踏板自由行程检查与调整　测量时，在制动踏板与驾驶室底板之间立一把直尺，用手向下按制动踏板至有阻力时，记下直尺读数，然后放松制动踏板，读取直尺读数，两次读数之差即为制动踏板自由行程，如图 5-31 所示。EV200 电动汽车制动踏板自由行程应为总行程的 1/3（约 15mm），当自由行程不符合要求时，可松开总泵推杆的锁紧螺母，拧动推杆，通过改变其长度进行调整。调整完毕后，拧紧锁紧螺母。

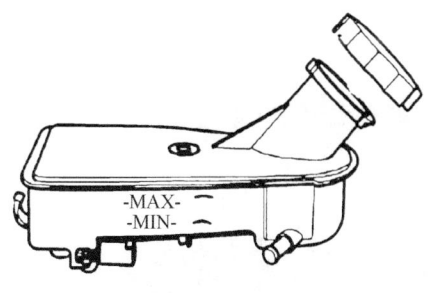

图 5-30　制动液位检查

图 5-31　制动踏板自由行程的测量

（3）驻车制动器检查与调整　完全放下驻车制动操纵杆，拆卸副仪表板骨架，松开调整螺母，如图 5-32 所示，踩制动踏板 5～6 次，然后逐步拧紧驻车制动拉索调整螺母，直到驻车制动手柄拉起 6～7 响时汽车后轮能可靠制动。

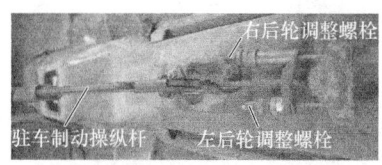

图 5-32　驻车制动器的调整

（4）制动摩擦片检查与调整

1）盘式制动摩擦片检查。盘式制动器摩擦片需检查：①内、外摩擦片工作面有无异常磨损；②测量 3 个位置的厚度，当厚度不足时，应进行更换，如图 5-33 所示，摩擦片厚度（不计背板厚度）应为 9.2mm。

2）鼓式制动摩擦片检查。鼓式制动器摩擦片厚度标准值（不计背板厚度）为 4.0mm，

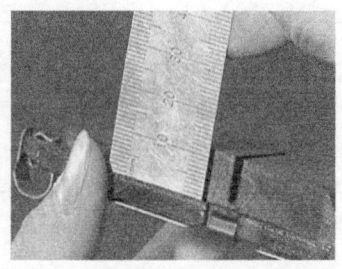

图 5-33 盘式制动摩擦片厚度测量方法

如图 5-34 所示。若摩擦片厚度接近 1.6mm，则说明制动摩擦片达到了磨损极限，必须予以更换。如果制动鼓摩擦表面凹槽过深，或制动鼓内圆柱成椭圆，必须与蹄片一起更换。

（5）盘式制动器制动盘检查 用卡尺在制动盘表面的中心测量制动盘厚度，如图 5-35 所示。如果制动盘磨损低于最小厚度值，则需更换制动盘。新的 EV200 制动盘直径×厚度为 256mm×24mm，制动盘使用极限厚度为 22mm。

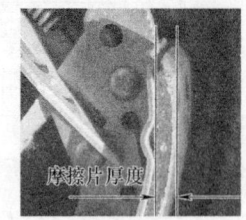

图 5-34 鼓式制动摩擦片厚度测量方法

2. 北汽 EV160 电动汽车真空助力制动系统测试

检查制动系统电动真空泵及控制器时，停稳车辆后，打开钥匙开关，按照以下步骤进行测试：

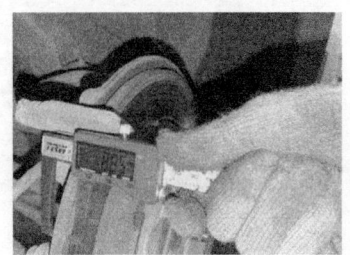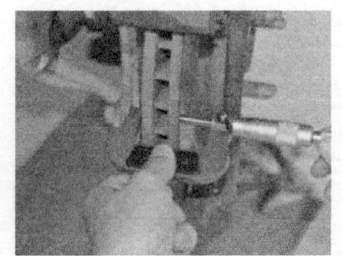

图 5-35 测量制动盘厚度

1）拔下真空泵气管，连接真空压力表，如图 5-36 所示。

图 5-36 连接真空表

2）起动车辆进行真空泵真空保压测试，若真空压力在 5s 内达不到 55~60kPa，则说明真空罐漏气，更换真空罐，如图 5-37 所示。

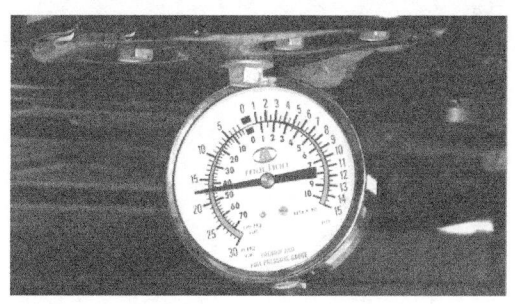

图 5-37　读取真空表读数

3）观察真空表，以 2s 一次的频率踩制动踏板，检查真空泵被唤醒时的工作情况，如图 5-38 所示。

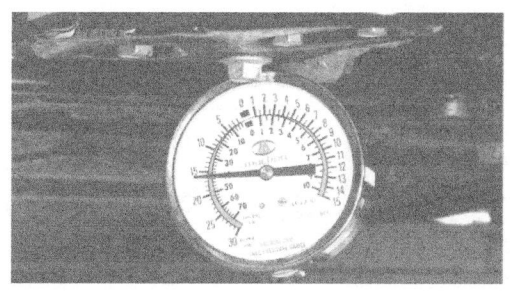

图 5-38　再次读取真空表读数

4）关闭点火开关，在熄火状态下进行真空保压测试，观察真空表指针有无移动，检测电动真空助力系统管路有无泄漏。

5）拆下真空表和三通管，复原真空管插头位置，检查完成。

【实训工单】

第一环节：教师讲解并演示。

教师先讲解实车上真空助力制动系统的组成，在实训车辆上演示系统检查与维护的步骤，说明注意事项，并指导学生完成真空助力制动系统的检查与维护作业。

第二环节：学生按照以下步骤完成任务。

1）基本检查。

① 作业前现场环境检查。

作业内容：

作业结果：

② 作业前防护用具检查。

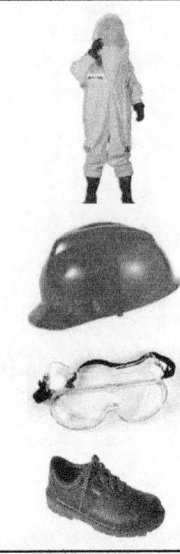	作业内容：
	作业结果：

③ 作业前工具、仪表检查。

 	作业内容：
	作业结果：

④ 作业前车辆检查。

	作业内容：
	作业结果：

2）在实车上完成检测作业，记录数据。

① 真空助力系统电路检测数据记录。

检查项目	检查标准	检查结果	（检查结果：否）处理意见
电源电压		正常□　否□	
真空助力系统各端电压		正常□　否□	
电路导通情况		正常□　否□	
搭铁线		正常□　否□	
制动真空泵与软管连接处		正常□　否□	
制动真空罐与软管连接处		正常□　否□	
制动总泵		正常□　否□	
真空助力器		正常□　否□	

② 检查轮胎状况，记录数据并分析。

检查项目	检查标准	检查结果	（检查结果：否）处理意见
轮胎外观		正常□　否□	
轮胎气压		正常□　否□	
轮胎磨损情况		正常□　否□	
轮胎花纹深度		正常□　否□	

③ 检查真空泵和控制器的功能。

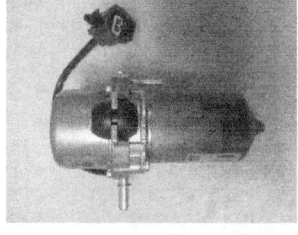

车辆静止状态下，完全踩下制动踏板，真空泵应正常起动	点火开关	□LOCK　□ACC □ON　□START	
	仪表状态		
	踩制动踏板次数		
	真空度到达设定值时		
制动真空泵运转一段时间后，观察真空泵有无异响、异味，真空泵控制器插接件及连接线有无变形发热	运转时间		
	运转次数		
	真空泵	□正常　□异响 □异味	
	插接件	□正常　□异响 □异味	
	连接线	□正常　□异响 □异味	
结论：			

第三环节：任务实施完成后，各小组负责清理工具和量具等，清洁地面卫生。

【检验评估】

通过实施作业，对任务进行评估，并将结果记录在表5-7中。

检查检修计划和任务实施工单，对学生的掌握情况进行评估。

1）各组汇报工作过程与过程中遇到的问题，并说明解决方法。

2）自评与互评。

3）教师点评、总结学生的参与度、学习态度、专业能力、关键能力。

4）教师填写学业评估表。

表5-7　学业评估表

评价内容	检验指标	分值	自评	互评	师评	总评
知识与技能 （60分）	能叙述电动真空助力制动系统的作用	5分				
	能叙述电动真空助力制动系统的特点	5分				
	能叙述电动真空助力制动系统的组成要素	10分				
	能根据电路图拆分出各子系统	20分				
	能在实车上正确查找各电路组成	20分				
过程与方法 （40分）	学习态度：主动参与学习，遵守纪律	10分				
	团队合作：与小组成员分工合作，在小组完成任务的过程中所起的作用较大	10分				
	方法能力：具备发现、分析、解决问题的方法与能力	10分				
	现场管理：服从工位安排、执行实训室5S管理规定	10分				
对学生的综合评价与建议						

任务5.3　电动助力转向系统的检查与维护

【案例引入】

一辆北汽新能源电动汽车进厂维修，车主反映该车出现转向盘抖动严重、转向沉重等故障。维修人员初步判断为转向系统故障。

【任务要求】

1）能够描述电动助力转向系统（EPS）的组成。

2）能够描述电动助力转向系统的工作原理。

3）能够根据故障现象制订电动助力转向系统故障维修方案。

4）能够根据维修方案检测电动助力转向系统的故障点，并排除故障。

学习参考

电动助力转向系统

（1）分类　目前电动助力转向系统按助力作用位置分为管柱助力式（C-EPS）、齿轮助力式（P-EPS）齿条助力式（R-EPS）和直接助力式（D-EPS）4 种。

（2）组成　电动助力转向系统由转矩传感器、转角传感器、电控单元、功率放大模块和助力电动机等组成，如图 5-39 所示。电控单元根据各传感器输出的信号计算所需的转向助力，并通过功率放大模块控制助力电动机的转动，电动机的输出经过减速机构减速增矩后驱动齿轮齿条机构产生相应的转向助力。

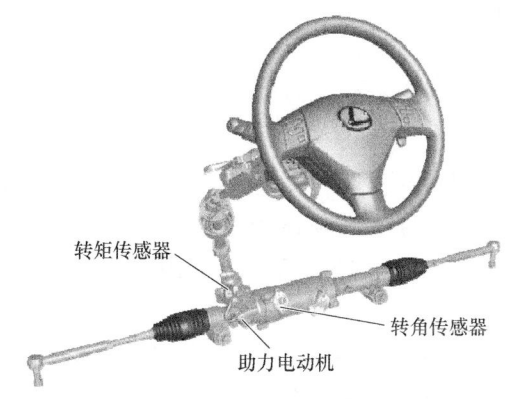

图 5-39　电动助力转向系统的结构

1）转矩传感器。如图 5-40 所示，转矩传感器由两个分相器单元、扭转杆、输入轴、输出轴、齿条轴及电路板组成。通过转矩传感器，可获得转向盘上操作力的大小和方向信号，并传递到 EPS 控制器。

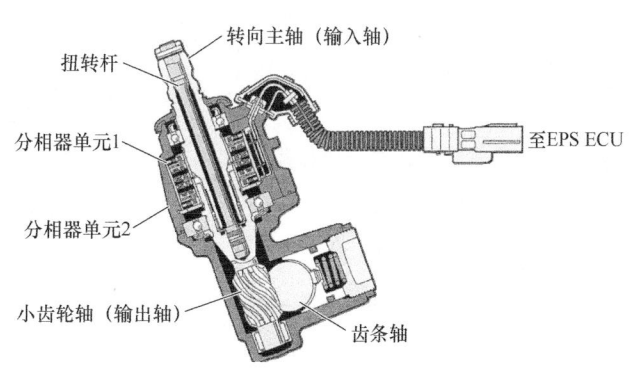

图 5-40　转矩传感器的结构

① 转矩传感器的作用。检测驾驶人作用在转向盘上的转向力矩及转向方向等参数，并将其转变为电信号输送给 ECU，以作为控制电动助力大小和方向的主要依据。

② 扭矩传感器的工作原理。当输入轴相对输出轴转动时，电路板计算出输入轴相对于输出轴的旋转方向和旋转量。当转动转向盘时，转矩被传递到扭力杆，输入轴和输出轴之间出

现角度偏差，电路板检测出角度偏差及方向，通过计算得到转矩大小和方向并转换为电压信号传递到转向控制单元（EPS ECU）中。

2）助力电动机。转向助力电动机一般为永磁电动机，用于提供转向助力。电动机总成安装在转向器上，如图 5-41 所示，由蜗杆、蜗轮和直流电动机组成。当蜗杆与安装在转向器输出轴上的蜗轮啮合时，电动机速度下降并把提高的输出力矩传递到输出轴。

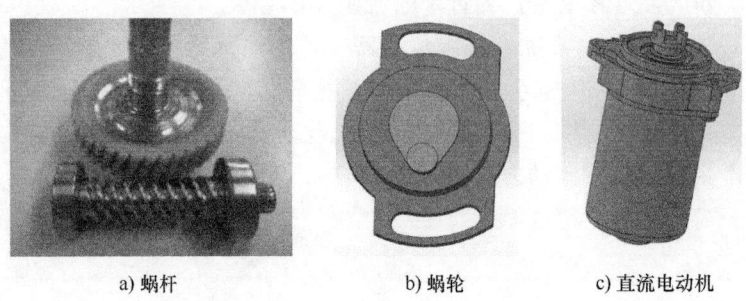

a) 蜗杆　　　　　　　　　b) 蜗轮　　　　　　　c) 直流电动机

图 5-41　助力电动机的组成

3）EPS 控制器。EPS 控制器由壳体、盖、控制电路板和铝基板等组成。

（3）工作原理　电动助力转向系统控制原理图如图 5-42 所示，其原理分析如下：

1）当整车处于停车下电状态时，EPS 不工作；当钥匙开关处于 ON 位置时，ON 档继电器吸合后 EPS 开始工作。

2）EPS 正常工作时，EPS 根据接收来自 VCU 的车速信号、唤醒信号及来自转矩传感器的转矩信号和 EPS 助力电动机的位置、转速、转子位置、电流、电压信号等进行综合判断，以控制 EPS 助力电动机的转矩、转速和方向。

3）转向控制器在上电 200ms 内完成自检，上电 200ms 后可以与 CAN 总线交互信息。

4）当 EPS 检测到故障时，通过 CAN 总线向 VCU 发送故障信息，并采取相应的处理措施。

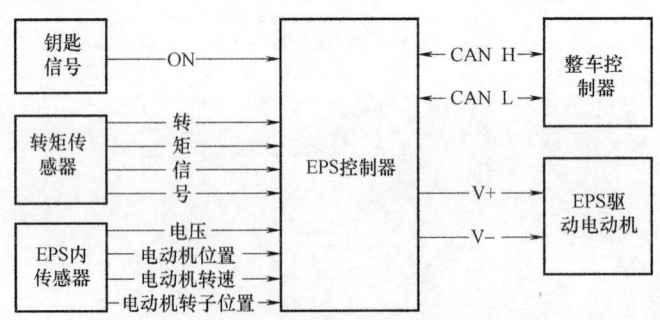

图 5-42　电动助力转向系统控制原理图

学习工作页

【制订实训计划】

1. 岗位任务

一辆北汽新能源 EV 系列电动汽车驶进 4S 店做维护。该车行驶里程为 60000km，车主反映该车在行驶过程中，转向盘抖动严重。维修人员试车初步判断为电动助力转向系统故障，需要查找故障点并修复。

2. 教师布置任务

电动助力转向系统维护。

3. 小组制订计划

根据故障现象和任务要求，确定所需要的检测仪器、工具，并对小组成员进行合理分工，制订详细的诊断和修复计划。

（1）需要的检测仪器、工具

1）实训用电动汽车1辆。

2）常用工具3套。

3）维修手册3本。

4）专用检测仪。

（2）小组成员分工

1）小组分组，每组4~6名成员。

2）小组进行分工决策并制订任务实施计划，完成表5-8和表5-9的填写。

3）小组汇报计划，并根据教师的建议进行修改和完善。

表5-8　小组成员分工决策

序号	操作人员	任　务
1		
2		
3		
4		
5		

表5-9　任务实施计划

序号	工作步骤	使用工具	注意事项	操作人员
1				
2				
3				
4				
5				

【技能训练】

1. 电动助力转向系统的检查及注意事项

（1）对于电控液压助力转向系统，应经常检查转向系统储油罐油面以及油质。若需添加、更换或排气，应及时进行。

（2）行驶过程中尽量避免将转向盘转到某一侧极限，防止动力油泵负荷过大。

（3）电控转向系统发生故障时，通常不要打开 ECU 及各种电控元件的盖子或盒子，以免造成 ECU 被静电损坏。

（4）检修过程中一般按照可能性由大到小，检查复杂程度由简单到复杂的顺序进行，先对电路和传感器等元件进行基本检查，不要轻易更换 ECU 或拆卸管路。

2. 电动助力转向系统的检查

（1）转向盘检查

1）转向盘旷动检查。前后左右晃动检查转向盘旷动情况，如图 5-43 所示，检查是否松动或发出"吱吱"声。如果发现缺陷，应维修或更换。

2）转向盘自由间隙检查。其范围为 10°～15°或者 0～30mm，如图 5-44 所示。如果转向盘运动不在规定自由间隙的范围内，检查以下部位：转向横拉杆球头是否磨损，下部球接头是否磨损，转向轴接头是否磨损，转向小齿轮或齿轮齿条是否磨损，其他部件是否松动，如果发现缺陷及时更换。

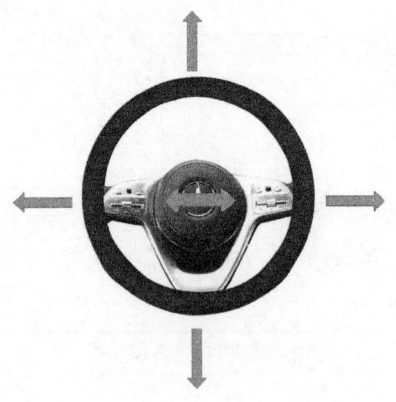

图 5-43　转向盘旷动检查

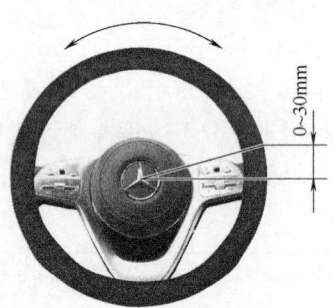

图 5-44　转向盘自由间隙检查

3）转向盘锁止功能检查（图 5-45）

① 将钥匙置于 LOCK 位置。

② 转动转向盘，检查转向盘能否锁止而不转动。

③ 将钥匙置于 ACC 位置，转向盘锁止装置被打开，检查转向盘能否自由转动。

（2）转向力检查（图 5-46）

1）汽车停放在水平路面上，转向盘置于平直向前位置。

2）检查轮胎充气压力是否符合要求。

3）起动车辆，将钥匙置于 ON 位置时，从相切方向用弹簧秤钩住转向盘，匀速拉动测量转向力，转向力至少为 35N。

图 5-45　转向盘锁止功能检查

图 5-46　测量转向力

（3）转向横拉杆、球头、防尘套等检查（图 5-47）

1）举升车辆，使车轮悬空，通过摆动车轮和转向横拉杆来检查间隙。

2）检查转向横拉杆球头的固定螺母2是否牢固。

3）检查转向横拉杆的防尘罩1有无损坏和安装位置是否正确。

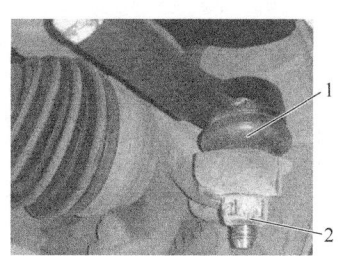

图5-47　检查转向横拉杆机构

1—防尘罩　2—固定螺母

（4）检查转向助力功能

1）进行道路试验，检测是否存在转向沉重或助力不足的情况（图5-48）。

2）在原地转向和低速行驶中，将转向盘分别转向左、右极限位置（图5-49），检测是否有转向盘抖动、转向机异响等故障。

图5-48　道路试验

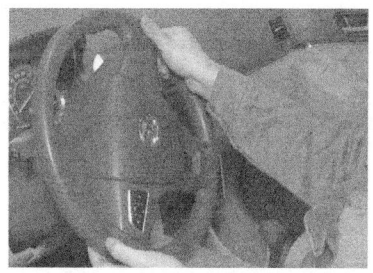

图5-49　转向盘极限位置检查

【实训工单】

第一环节：教师讲解并进行演示。

由辅导教师先讲解电动助力转向系统的组成、电动转向助力的工作原理，在实车上演示转向控制系统检测的方法与步骤。

第二环节：学生现场按照以下步骤实施任务。

1）基本检查。

① 作业前现场环境检查。

	作业内容：
	作业结果：

② 作业前防护用具检查。

作业内容：
作业结果：

③ 作业前工具、仪表检查。

作业内容：
作业结果：

④ 作业前车辆检查。

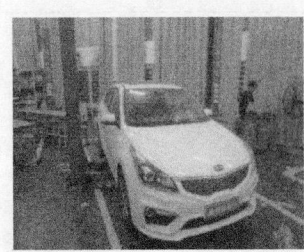

作业内容：
作业结果：

2）完成电动汽车转向系统检查，并填写以下工单。

① 检查转向盘自由行程及松旷情况。

	操作	
	转向盘的自由行程	
	影响因素	

	检查方向及结果	上下方向	□正常　□松旷
		前后方向	□正常　□松旷
		左右方向	□正常　□松旷
		轴向方向	□正常　□松旷
	当转向盘松旷时，应调整的部件		
	调整后的重点检查部位		

② 检查转向盘锁止情况。

| | 检查转向盘锁止状态 | 点火开关位置 | □LOCK　□ACC
□ON　□START |
| | | 转向盘状态 | 锁死不转动 |

③ 检查转向盘自动回位情况。

	转向盘左、右两侧回正力大小比较	□左侧＞右侧 □左侧＜右侧 □左侧＝右侧	
	转向盘自动回位情况	车速	
		转向盘角度	
		保持时间	
		转向盘回位	□70°以上　□70°以下

④ 检查转向助力功能。

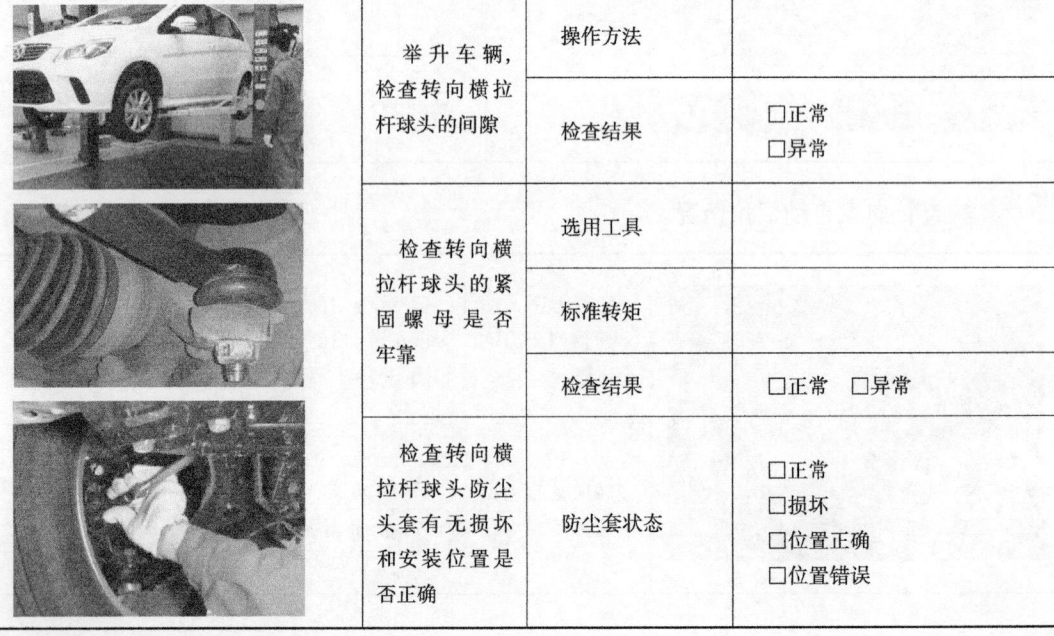

		点火开关位置	□LOCK　□ACC □ON　　□START
	原地转向	检查结果	□正常 □沉重 □助力不足
	低速行驶中转向	点火开关位置	□LOCK　□ACC □ON　　□START
		检查结果	□正常 □沉重 □助力不足
	将转向盘分别转至左、右极限位置	点火开关位置	□LOCK　□ACC □ON　　□START
		左极限	□正常 □沉重 □助力不足
		右极限	□正常 □沉重 □助力不足

⑤ 检查转向横拉杆球头间隙、紧固程度及防尘套状态。

		举升车辆，检查转向横拉杆球头的间隙	操作方法	
		检查结果	□正常 □异常
	检查转向横拉杆球头的紧固螺母是否牢靠	选用工具	
		标准转矩	
		检查结果	□正常　□异常
	检查转向横拉杆球头防尘头套有无损坏和安装位置是否正确	防尘套状态	□正常 □损坏 □位置正确 □位置错误

第三环节：任务实施完成后，各小组负责清理工具和量具等，清洁地面卫生。

【检验评估】

通过实车的电动助力转向系统检查与维护作业，对任务进行评估，并将结果记录在表 5-10 中。检查检修计划和任务实施工单，对学生的掌握情况进行评估。

1）各组汇报工作过程与过程中遇到的问题，并说明解决方法。

2）自评与互评。

3）教师点评、总结学生的参与度、学习态度、专业能力、关键能力。

4）教师填写学业评估表。

表 5-10　学业评估表

评价内容	检验指标	分值	自评	互评	师评	总评
知识与技能 （60分）	能叙述电动助力转向系统的组成	10分				
	能叙述电动助力转向系统的工作原理	10分				
	能正确完成电动助力转向系统的检查作业	20分				
	能正确完成电动助力转向系统的维护作业	20分				
过程与方法 （40分）	学习态度：主动参与学习，遵守纪律	10分				
	团队合作：与小组成员分工合作，在小组完成任务的过程中所起的作用较大	10分				
	方法能力：具备发现、分析、解决问题的方法与能力	10分				
	现场管理：服从工位安排、执行实训室 5S 管理规定	10分				
对学生的综合评价与建议						

任务5.4　冷却系统的检查与维护

【案例引入】

一辆比亚迪 e6 电动汽车进入 4S 店维修，车主反映该车冷却液温度警告灯常亮。维修人员初步判断为冷却系统出现故障，需进行相关检查。

【任务要求】

1）能够描述电动汽车冷却系统的组成。

2）能够描述电动汽车冷却系统的检查要点。

3）能够完成电动汽车冷却系统的检查与维护作业项目。

学习参考

1. 冷却系统基础知识

（1）作用　纯电动汽车的冷却系统主要是对动力蓄电池、驱动电机、电机控制器、DC/

DC 变换器以及车载充电机等多个电器单元进行冷却。

纯电动汽车冷却系统在轻量化、低能耗、高效率、低成本等方面上的要求与传统车辆的冷却系统一致，不同的是纯电动汽车冷却系统针对的是电气部件，受温度影响更加明显，所以对温度的控制要求更加精确。同时，由于纯电动汽车的动力系统和供电系统的电子部件耐受温度低，整车降噪小，纯电动汽车对冷却系统的散热性能和噪声的要求较传统车辆更为严格。

（2）组成　目前纯电动汽车的冷却系统主要有两方面的作用：

1）对动力系统的驱动电机、车辆控制器和 DC/DC 变换器等部件进行冷却。

2）对供电系统的动力蓄电池和车载充电机进行冷却。

如图 5-50 所示，冷却系统主要由电动冷却液泵、散热器、风扇、冷却液管、膨胀水箱、控制器箱体水套组件、电机水套组件、驱动电机、冷却液管等组成。

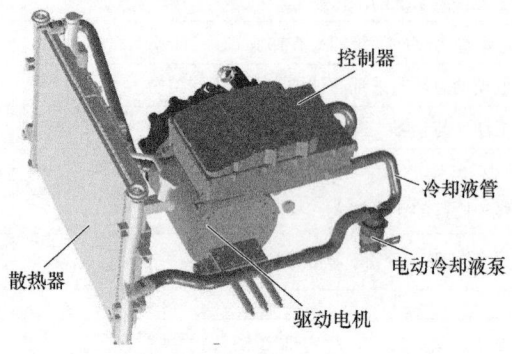

图 5-50　冷却系统的组成

电动汽车冷却系统的工作原理如图 5-51 所示，电动汽车冷却系统由电动冷却液泵提供动力，低温冷却液通过冷却管路由散热器流向散热元件（包括电机控制器、DC/DC 变换器、驱动电机），冷却液在待散热元件处吸收热量后，通过冷却管路流经散热器进行散热，然后进行下一个循环。

1）电动冷却液泵。电动冷却液泵是冷却液循环的动力元件，用于对冷却液加压，促使冷却液在冷却系统中循环，以带走系统散发的热量。图 5-52 所示为北汽新能源 EV200 电动汽车电动冷却液泵，安装位置为车身右纵梁前部下方，其参数见表 5-11。

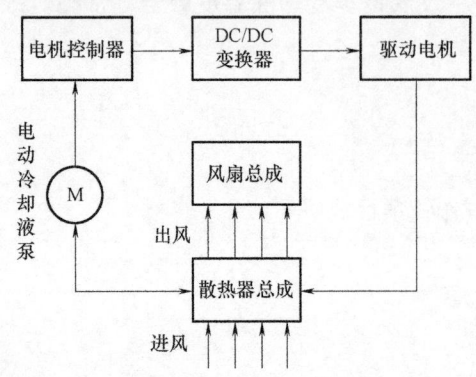

图 5-51　冷却系统工作原理

图 5-52　EV200 电动汽车电动冷却液泵

表 5-11　电动冷却液泵的各项参数

进、出水口内径	16mm	进、出水口外径	20mm
额定工作电压	13V	额定输出功率	30W
最大流量	30L/min	扬程	3.3m
电流	2.3A		

电动冷却液泵采用的是永磁无刷直流电动机，整个部件中没有动密封，浮动式转子与叶轮注塑成一体。

在使用过程中，严禁电动冷却液泵在没有冷却液的情况下空载运行，否则将导致转子、定子的磨损，最终导致电动冷却液泵的损坏。

2）散热器风扇。风扇用于提高流经散热器、空调冷凝器的空气流速和流量，以增强它们的散热能力，并冷却机舱其他附件。风扇采用左右两档调速双风扇，为吸风式双风扇分别由整车电源提供输入，根据电动机、控制器、空调压力等参数由 VCU 控制双风扇运行。如图 5-53 所示，通过串联调速电阻的方式来实现风扇的高、低速跳档分级，从而降低风扇的噪声，提高整车舒适性。

3）膨胀水箱。膨胀水箱对冷却系统冷却液的排气、膨胀和收缩提供受压容积，补充冷却液和缓冲"热胀冷缩"的变化，同时也作为冷却液加注口。

膨胀水箱的位置要高于冷却系统的所有部件，目的是当冷却系统中冷却液受热膨胀至散热盖的蒸气阀打开时，部分冷却液随着高压蒸气通过溢水管回到膨胀水箱中。

以北汽新能源 EV200 电动汽车为例，其膨胀水箱开启压力为 29～35kPa，采用聚丙烯制成，

图 5-53　风扇

结构设计满足爆破压力≥200kPa，下端出水管通向冷却液泵，上端为溢水管。

4）冷却液管。冷却液管内、外胶为三元乙丙橡胶（EPDM），中间层由织物增强，耐温等级是 I 级（125℃），爆破压力达到 1.3MPa。冷却液管壁厚为 4mm，端口有安装定位标识，装配时标识与散热器上的定位标识要对齐。

（3）冷却方式　根据冷却介质的不同，电动车的冷却方式有 4 种，即风冷、水冷、相变材料（PCM）冷却和热管冷却，其中风冷和水冷最为常用。

1）风冷。风冷就是用流动的气体（如空气、氢气等）作为冷却介质带走电器单元产生的热量。按照是否使用风扇，风冷分为自然冷却和强制冷却两种冷却方式。

① 风冷的优点。风冷具有结构简单、辅助系统少、费用低、安装维护方便和运行可靠等优点。

② 风冷的缺点。由于空气的导热性低等，导致风冷存在明显的不足：对于蓄电池来说，蓄电池在高温环境、高电流放电时，比较容易出现热失控，引发安全事故；对于电动机来说，绕组内导体散发的热量经过绝缘线或铁心向外传导，因此会导致绝缘线和铁心温升过高，影响绝缘寿命以及引起铁心应力集中。

2）水冷。水冷是以水作为冷却介质，水的比热容、导热系数比气体大得多，所以水冷的

散热能力较风冷大为提高。

① 水冷的优点。水作为冷却介质，具有价廉、无毒、不助燃、无爆炸危险等多种优点。水冷允许承受的电磁负荷比空冷高，提高了材料的利用率，冷却效果显著，而且水冷方式能有效减小绕组线棒的温差，使整个发电机定子绕组的温度分布均匀，可延长绝缘寿命。

② 水冷的缺点。水的净化程度不足时，易产生结垢及氧化物堵塞冷却液管；整套管路存在着锈蚀、堵塞、渗漏等隐患，继而产生绕组局部过热而烧毁；空心铜导线的腐蚀直接危及发电机的安全与经济运行；冷却液管接头及各个密封点处由于承受水压而可能漏水，易造成短路和漏电危险。

3）相变材料（PCM）冷却。利用 PCM 进行蓄电池冷却的原理是：当蓄电池进行大电流放电时，PCM 吸收蓄电池放出的热量，自身发生相变，而使蓄电池温度迅速降低。此过程是系统把热量以相变热的形式储存在 PCM 中。在蓄电池进行充电时，特别是在温度较低的环境下，PCM 把热量排放到环境中。

相变材料以其无毒、不易燃、可储热、成本低以及应用方便等优点，已被广泛应用于电子设备的冷却系统。用相变材料作为动力蓄电池的被动式冷却系统不需要风扇、排气扇、冷凝器以及冷却路线设计，因此具有良好的发展前景。

4）热管冷却。热管冷却能够降低蓄电池的最高温度，且可以使蓄电池的温度分布均匀，但热管需配合散热片和风扇使用才能有比较好的冷却效果，同时应注意热管与蓄电池必须有良好的接触，否则热管的冷却效果将大大下降。热管冷却在电动汽车上的应用目前还处于初步发展阶段，值得进一步研究和开发应用。

学习工作页

【制订实训计划】

1. 岗位任务

一辆比亚迪 e6 系列电动汽车驶进 4S 店做维护。该车行驶里程为 70000km，车主反映该车有时发出冷却液温度过高故障警告。维修人员试车初步判断为冷却系统故障，需要查找故障点并修复。

2. 教师布置任务

冷却系统的检查与维护。

3. 小组制订计划

根据故障现象和任务要求，确定所需要的检测仪器、工具，并对小组成员进行合理分工，制订详细的诊断和修复计划。

（1）需要的检测仪器、工具

1）电动汽车维护工具套装。

2）翼子板护裙、转向盘护套、变速杆护套、座椅护套和脚垫。

3）电动汽车维修手册。

4）电动汽车整车或实训台架。

（2）小组成员分工

1）小组分组，每组 4~6 名成员。

2）小组进行分工决策并制订任务实施计划，完成表 5-12 和表 5-13 的填写。

3）小组汇报计划，并根据教师的建议进行修改和完善。

表 5-12　小组成员分工决策

序号	操作人员	任务
1		
2		
3		
4		
5		

表 5-13　任务实施计划

序号	工作步骤	使用工具	注意事项	操作人员
1				
2				
3				
4				
5				

【技能训练】

1. 电动汽车冷却系统基本检查

（1）冷却液质量检查

1）冷却液外观检查。目视冷却液，应清亮透明、无沉淀及悬浮物、无刺激性气味。

2）冷却液冰点检测。冷却液冰点应该低于当地最低气温 10℃ 以上，以保证安全使用。冰点测量使用冰点仪（图 5-54）进行。

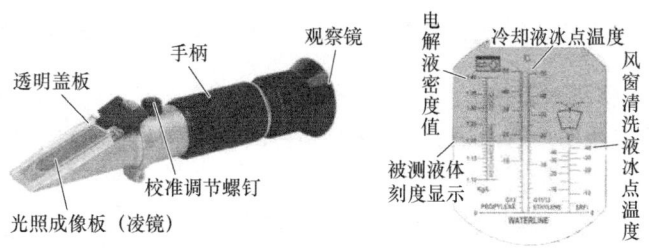

图 5-54　冰点仪

（2）冷却液液位检查　如图 5-55 所示，在冷却液处于冷态时目视检查，膨胀水箱内冷却液的高度应保持在"MAX"和"MIN"两条标记线之间。

检查时应注意以下事项：

1）在检查机舱任何部件之前，整车需要下电，将钥匙开关关闭，断开辅助蓄电池负极电缆。

2）检查冷却液外观质量时，在打开散热器盖之前必须确认电动机、DC/DC 变换器、电机控制器以及散热器均已冷却。否则可能会导致冷却液喷出，造成严重烫伤。

（3）检查冷却液泄漏情况　检查冷却系统各管路和各部件接口处有无冷却液泄漏现象，检查散热器盖有无泄漏、软管处有无泄漏，芯体是否老化、堵塞。若有，予以更换。

（4）导线检查　检查冷却液泵电源导线是否老化、破皮，检查是否有电源线铜芯外漏等现象。

（5）散热器检查　检查散热器和空调散热片通风道，出现碎屑堆积时应进行清理。在电动机冷却后，在散热器后部（电机侧）使用压缩空气吹走散热器或空调冷凝器的碎屑，严禁使用水枪对散热器散热片进行喷水清洗。

图 5-55　冷却液膨胀水箱

2. 电动冷却液泵检查

图 5-56 所示为电动冷却液泵的安装位置。电动冷却液泵的检查内容如下：

1）起动车辆后，检查电动冷却液泵有无泄漏现象，工作过程中是否有异响。

2）检查电动冷却液泵的线束是否存在老化、破损、铜芯外露的现象。

3. 冷却液更换

按照以下步骤完成作业：

1）将车辆停放在水平地面上，准备好盛放冷却液的容器，如图 5-57 所示。

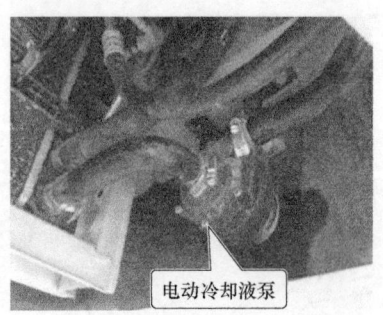

图 5-56　电动冷却液泵安装位置

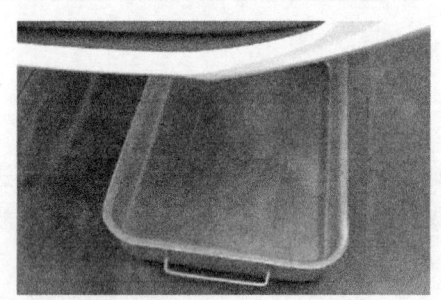

图 5-57　盛放冷却液的容器

2）拧下散热器或膨胀水箱盖。注意：若发动机处于热状态，则不要急于将盖拧下来，以防热的冷却液喷出造成烫伤。若急需打开，需要在 15min 后用较厚实的布垫在盖上，慢慢拧松散热器盖，待散热器泄压后再拧开散热器盖。

3）将散热器上的放液开关拧开（图 5-58）。无放液开关时，可拆下散热器与冷却液泵之间的连接软管。对于装有暖风装置的车辆，应将暖风的温度选择开关调到全开位置。将冷却液引入容器内，直至放净。

4）关好放液开关。

5）选择合适的冷却液，从散热器或膨胀水箱口加注冷却液，加满后盖好散热器盖，如图 5-59a 所示。

6）起动发动机试运转，感到热时表示发动机内的冷

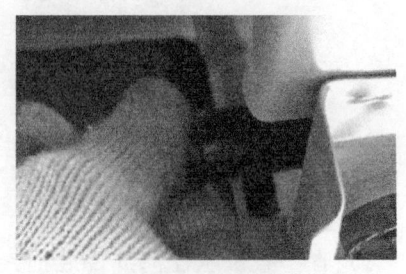

图 5-58　拧开放液开关

却液已流入散热器。关闭发动机，打开散热器盖，若液面下降应添加冷却液，直到散热器或膨胀水箱的液面达到最高标记处，如图 5-59b 所示。

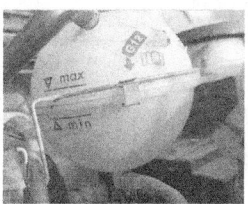

a) 加注冷却液　　　　　b) 检查冷却液情况

图5-59　更换冷却液

【实训工单】

第一环节：教师讲解并进行演示。

由辅导教师先讲解任务实施的内容和步骤。按照实验台架上的实物、示教板上的实物来讲解电器检测设备的使用方法。

第二环节：学生现场按照以下步骤实施任务。

1）基本检查。

① 作业前现场环境检查。

|  | 作业内容： |
| | 作业结果： |

② 作业前防护用具检查。

| 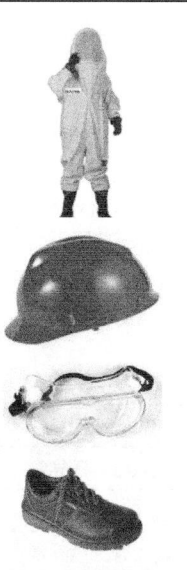 | 作业内容： |
| | 作业结果： |

③ 作业前工具、仪表检查。

 	作业内容：
	作业结果：

④ 作业前车辆检查。

	作业内容：
	作业结果：

2）学生完成电动汽车冷却系统检查作业，并填写以下工单。
① 检查冷却液情况。

	冷却液状况	冷却液液位	□高于 MAX 线 □位于 MAX 线与 MIN 线之间 □低于 MIN 线
		冷却液冰点	
	冷却液泄漏情况	软管	□正常　□异常
		散热器	□正常　□异常
		冷却液泵	□正常　□异常
		风扇	□正常　□异常

② 冷却液加注。

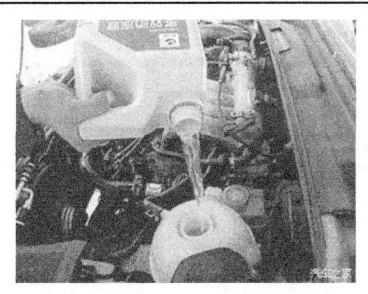

	加注冷却液	车辆指定冷却液 防冻温度	一般地区： 极寒地区：
		加注截止位置	
	起动车辆, 电动冷却液泵 开启并带动冷 却系统循环	电动冷却液泵每 次运行时间	
		电动冷却液泵有 无异响	

第三环节：任务实施完成后，各小组负责清理工具和量具等，清洁地面卫生。

【检验评估】

完成本任务，对任务进行评估，并将结果记录在表5-14中。

检查检修计划和任务实施工单，对学生的掌握情况进行评估。

1）各组汇报工作过程与过程中遇到的问题，并说明解决方法。

2）自评与互评。

3）教师点评、总结学生的参与度、学习态度、专业能力、关键能力。

4）教师填写学业评估表。

表5-14　学业评估表

评价内容	检验指标	分值	自评	互评	师评	总评
知识与技能 （60分）	能叙述电动汽车冷却系统的作用	5分				
	能叙述电动汽车冷却系统的类型	5分				
	能叙述电动汽车冷却系统的检查要点	10分				
	熟悉电动汽车冷却系统的维护步骤	20分				
	能熟练完成冷却系统的维护作业	20分				
过程与方法 （40分）	学习态度：主动参与学习，遵守纪律	10分				
	团队合作：与小组成员分工合作，在小组 完成任务的过程中所起的作用较大	10分				
	方法能力：具备发现、分析、解决问题的 方法与能力	10分				
	现场管理：服从工位安排、执行实训室5S 管理规定	10分				
对学生的综 合评价与建议						

项目6

电动汽车整车的检查与维护及常见故障处理

◀◀◀

任务 6.1　电动汽车整车的检查与维护

【案例引入】

一辆电动汽车进入汽车 4S 店进行维护，该车行驶里程为 80000km。该车应该完成哪些维护项目？

【任务要求】

1）熟悉电动汽车维护作业规范。

2）熟悉电动汽车维护主要项目和内容。

3）能完成电动汽车整车维护作业。

学习参考

1. 电动汽车整车维护的基础知识

（1）目的

1）确保车辆行车安全。

2）延长零部件及车辆的使用寿命，提高车辆完好率。

3）节能、降耗、减排。

（2）维护规范　电动汽车维护需遵循标准规范要求，如检查并更换制动液、冷却液等。以北汽新能源汽车为例，其常规维护规范如下：

1）更换制动液。每 2 年或每 40000km 应当更换 1 次制动液，以先到为准。

2）更换冷却液。每 2 年或每 40000km 应当更换 1 次冷却液，以先到为准。

3）更换减速器润滑油。首次更换为 3000km 或 3 个月，之后，每隔 10000km 或 6 个月检查 1 次，每隔 20000km 或 12 个月更换 1 次减速器润滑油 [减速器润滑油规格：SAE 75W-90（GL-4）]。

（3）维护内容

1）动力蓄电池系统维护内容（表6-1）。

表 6-1   动力蓄电池系统维护内容

检 查 内 容	处 理 方 法	A 级维护	B 级维护
安全防护	检查并视情处理	√	√
绝缘	检查并视情处理	√	√
插接件状态	检查并视情处理	√	√
标识	检查并视情处理	√	
螺栓紧固力矩	检查并视情处理	√	√
动力蓄电池加热功能检查	检查并视情处理	√	
外部检查	清洁处理	√	
数据采集	分析并视情处理	√	√

2）电动机系统维护内容（表6-2）。

表 6-2   电动机系统维护内容

检 查 内 容	处 理 方 法	A 级维护	B 级维护
安全防护	检查并视情处理	√	√
绝缘检查	检查并视情处理	√	√
电动机和控制器冷却检查	检查并视情处理	√	√
外部检查	清洁处理	√	

3）电器系统维护内容（表6-3）。

表 6-3   电器系统维护内容

检 查 内 容	处 理 方 法	A 级维护	B 级维护
机舱及各部位低压线束防护及固定	检查并视情处理	√	√
机舱及各部位插接件状态	检查并视情处理	√	√
机舱及底盘高压线束防护及固定	检查并视情处理	√	√
机舱及底盘各高、低压电器固定及插接件连接状态	检查并视情处理	√	√
灯光、信号	检查并视情处理	√	√
充电口及高压线	检查并视情处理	√	√
高压绝缘监测系统	检测并视情处理	√	
故障诊断系统报警监测	检测、检查并视情处理	√	

4）制动系统维护内容（表6-4）。

表6-4　制动系统维护内容

检查内容	处理方法	A级维护			B级维护		
		项目	材料	数量	项目	材料	数量
制动装置	泄漏检查	√			√		
制动液	液位检查	√	更换制动液	E150EV 为1.25L C70 为1L	√	视情添加制动液	
驻车制动	检查效能并视情处理	√			√		
制动真空泵、控制器	检查（漏气），并视情处理	√			√		
前、后制动摩擦副	检查并视情更换	√			√		

5）转向系统维护内容（表6-5）。

表6-5　转向系统维护内容

检查内容	处理方法	A级维护			B级维护		
		项目	材料	数量	项目	材料	数量
转向机本体连接紧固状态	检查并视情处理	√			√		
转向盘及转向管柱连接紧固状态	检查并视情处理	√			√		
转向横拉杆间隙及防尘套	检查并视情处理	√			√		
转向助力功能	路试并视情处理	√					

6）车身系统维护内容（表6-6）。

表6-6　车身系统维护内容

检查内容	处理方法	A级维护			B级维护		
		项目	材料	数量或价格	项目	材料	数量或价格
风窗及刮水器	检查并视情处理	√	添加风窗洗涤液	材料收费	√	添加风窗洗涤液	材料收费
后背门（行李舱盖）铰链及锁	检查并视情处理	√	加注润滑脂	润滑脂250g	√	加注润滑脂	润滑脂250g
顶窗	检查并视情处理	√			√		
座椅及滑道	检查并视情处理	√					
门锁及铰链	检查并视情处理	√					
机舱铰链及锁扣	检查并视情处理	√					

7）冷却系统维护内容（表6-7）。

表6-7 冷却系统维护内容

检查内容	处理方法	A级维护			B级维护		
		项目	材料	数量	项目	材料	数量
冷却液液位及冰点	检查液位及测试冰点，视情添加冷却液	√	更换冷却液	冷却液6L	√	冬季时检测冰点视情添加冷却液	
冷却管路	检查渗漏情况并处理	√			√		
冷却液泵	检查渗漏情况并处理	√			√		
散热器	检查并清洁	√			√		

学习工作页

【制订实训计划】

1. 岗位任务

一辆大众途安电动汽车进入汽车维修厂进行维护，该车行驶里程为90000km。维修人员开始检查该车各系统，详细记录并做出处理意见。

2. 教师布置任务

电动汽车维护项目。

3. 小组制订计划

根据发动机类型和任务要求，确定所需的检测仪器、工具，并对小组成员进行合理分工。

（1）需要的检测仪器、工具

1）绝缘万用表。

2）翼子板护裙、转向盘护套、变速杆护套、座椅护套和脚垫。

3）电动汽车维修手册。

4）电动汽车整车或实训台架。

（2）小组成员分工

1）小组分组，每组4~6名成员。

2）小组进行分工决策并制订任务实施计划，完成表6-8和表6-9的填写。

3）小组汇报计划，并根据教师的建议进行修改和完善。

表6-8 小组成员分工决策

序号	操作人员	任务
1		
2		
3		
4		
5		

表 6-9　任务实施计划

序号	工作步骤	使用工具	注意事项	操作人员
1				
2				
3				
4				
5				

【技能训练】

整车维护训练

（1）电动机系统的维护

1）行车前，检查冷却液状况，若冷却液过少，则必须补充。

2）每两个月检查电动机本体及控制器冷却液管道是否通畅，如果冷却液管道有堵塞现象，则应及时清理堵塞物。

3）每半年检查清理 1 次电动机本体及控制器的表面灰尘。清理方法：断开动力电源，用高压气枪清理电动机本体及控制器表面灰尘（注意：严禁用高压气枪直接对准控制器外壳上的"呼吸器"吹气，应用软毛刷进行清理）。

图 6-1 所示为电动机及控制器检查。

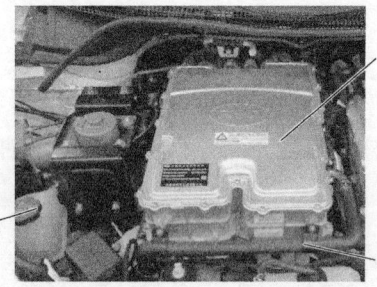

检查电动机控制器表面
检查冷却液
检查水冷管道

图 6-1　电动机及控制器检查

（2）冷却液的检查与加注　如图 6-2 所示，检查冷却液量是否充足。若冷却液高度明显降低，意味着冷却系统发生了泄漏，如果发生这种情况，应尽快到汽车 4S 店或维修店进行冷却系统的检查。

冷却液中含有重要的防腐剂，冷却液中防冻液的成分应常年维持在（50±5）%（质量分数），为确保冷却液的防腐性能，无论车辆行驶里程数是多少，应每年检查 1 次冷却液中防冻液的含量，冷却液应每 2 年完全更换 1 次。若不能及时检查或更换，会导致散热器和电驱动系统零部件的腐蚀。

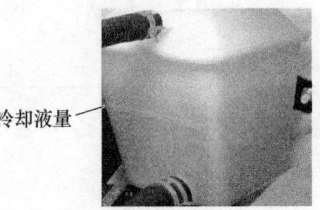

检查冷却液量

图 6-2　冷却液检查

（3）制动液的检查与加注　在加注制动液时，先取下加注口盖子（注意：为防止灰尘进入储液罐，先将盖子擦拭干净），然后逆时针旋动盖子 1/4 圈再提起取下。使用专用制动液加注储液罐至"MAX"标记，如图6-3所示。

注意：制动液会损坏漆面，如果制动液加注时外溢，应立刻使用吸水布吸收掉制动液并使用车辆清洗剂加清水进行清洗。

（4）风窗玻璃洗涤液加注及刮水片检查　每周定期检查储液罐，液位不超过"MAX"刻度线位置，如图6-4所示。为保证正常的风窗玻璃清洗和防止寒冷天气时冰冻，加注水和品牌洗涤液的混合液。

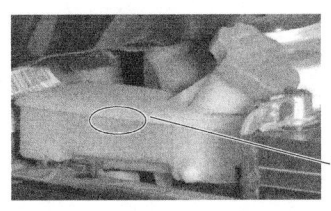
检查制动液量

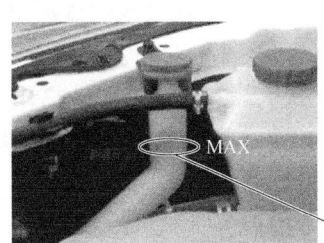
MAX
检查风窗玻璃洗涤液量

图6-3　制动液检查　　　　　　　图6-4　风窗玻璃洗涤液检查

1）检查洗涤器喷嘴。定期使用洗涤器来检查喷嘴是否洁净，喷射方向是否正确。风窗洗涤器喷嘴在生产时已经设置好，不需要调整。如果喷嘴堵塞，可用针或细金属丝伸入孔中清出阻塞物（注意：洗涤液加注量应 < 3.5L）。

2）检查刮水片。油脂、硅和石油产品会减弱刮水片的刮刷效果。可在温热的肥皂水里清洗刮水片，并且定期检查刮水片的状态，如果发现橡胶硬化或有裂纹，或刮水片在风窗上留下滑痕或不能清洗某个区域，则需要更换刮水片。

（5）蓄电池维护

1）检查蓄电池。蓄电池设计为免维护形式，所以不必要添加溶液。可通过蓄电池盖上的观察窗指示器了解蓄电池的技术状况，如图6-5所示：①绿色：蓄电池充电状态良好；②黑色：蓄电池需要进行充电；③透明：必须更换蓄电池。

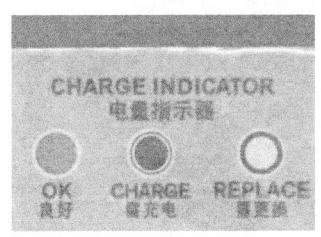
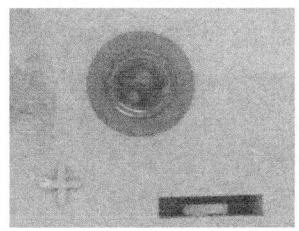

图6-5　蓄电池技术状况检查

2）更换蓄电池。按照以下步骤更换蓄电池：

① 在断开或拆卸蓄电池之前，消除警报器，确保起动开关和其他电器部件关闭。

② 断开负极连线，然后断开正极连线。

③ 松开固定蓄电池压板的限位螺栓，取出蓄电池压板，使用提起手柄从汽车中提起蓄电池。

④ 安装新蓄电池，顺序与拆卸蓄电池时相反。

注意：更换蓄电池的过程中不允许蓄电池端子或导线接触到金属部件。

3）蓄电池充电。在充电前，应先检查蓄电池状态。在充电时，蓄电池会产生有腐蚀性的酸性挥发气体，并且产生会导致严重损坏的电流。所以充电时应注意以下事项：

① 在充电前，从车上断开接线柱并拆卸蓄电池，对已连接好导线的蓄电池，充电会损坏汽车的电器系统。

② 在打开充电器开关前，确认蓄电池充电器导线安全地夹在蓄电池的接线端上，一旦充电器开启，不能移动导线。

③ 在充电时，注意保护眼睛，避免俯身至蓄电池上方。

④ 保持蓄电池顶部的四周空间有良好的通风条件，避免蓄电池附近有强光（蓄电池在充电前后会产生易燃的氢气）。在蓄电池的显示窗口状态显示为绿色时，对蓄电池充电将导致过多充电。

⑤ 当充电结束时，从蓄电池接线端处脱开导线前关闭蓄电池充电器。

（6）轮胎维护　始终注意轮胎的状态，并定期检查胎面和胎侧是否有变形（鼓包）、划痕、磨损、裂纹、扎铁钉等。轮胎的压力过低时，轮胎磨损将更加严重，严重影响汽车的道路操控性和经济性，并增加了轮胎失效的危险。轮胎的压力过高会导致行驶不平稳，轮胎磨损不均匀，并且更加容易损坏。

轮胎主要维护内容包括轮胎气压、轮胎磨损等情况。

1）轮胎气压。轮胎标准气压可以在车辆以下位置找到：①驾驶室车门（B柱附近）旁边的标签；②车辆驾驶座旁的抽屉；③油箱盖小门。

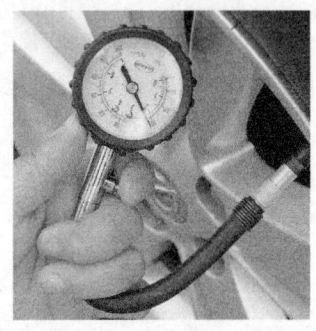

注意：不同的车型，重量不一样，轮胎不一样，前轮和后轮的标准气压也不一样。

轮胎气压检查要求：①至少每周检查轮胎气压；②保持气门嘴帽向下牢固拧紧，以防止灰尘进入气门嘴；③在检查轮胎气压时，检查气门嘴是否出现漏气。图6-6所示为轮胎气压检查。

2）轮胎磨损。轮胎有磨损标记，在胎面花纹底部，分布在轮胎圆周上，当胎面磨损到1.6mm时，就会出现在花纹的表面，在地面上会留下连续的橡胶印迹，贯穿整个轮胎宽度，沿圆周共有6个指示点。轮胎磨损检查如图6-7所示。

图6-6　轮胎气压检查

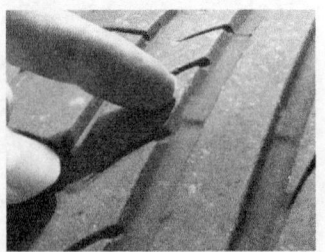

a) 轮胎花纹深度测量　　　　b) 轮胎磨损指示标志检查

图6-7　轮胎磨损检查

注意：①如果轮胎磨损不均匀（只在一侧磨损）或过度磨损，应该检查车轮定位；②出现磨损标记说明胎面不能继续提供良好的牵引，尤其是在湿滑道路上，而且轮胎不能达到规定的最低1.6mm的花纹深度标准。当出现一个磨损标记时，必须更换轮胎。

【实训工单】

第一环节：教师讲解并进行演示。

由辅导教师讲解整车维护的内容和基本要求。

第二环节：学生现场按照以下步骤实施任务。

1）作业前整车检查与记录。

① 作业前现场环境检查。

	作业内容：
	作业结果：

② 作业前防护用具检查。

  	作业内容：
	作业结果：

③ 作业前工具、仪表检查。

 	作业内容：
	作业结果：

④ 作业前车辆检查。

作业内容：
作业结果：

2）整车检查与维护。

① 动力蓄电池组检查与维护。完成纯电动汽车动力蓄电池的检查与维护，并记录信息。

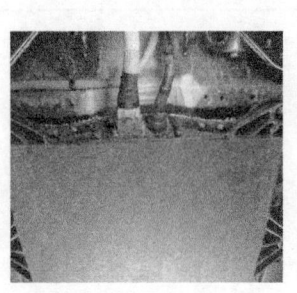

车辆下电	□是　□否
蓄电池底部状态	□正常　□磕碰　□划伤　□损坏
高低压插接件	□正常　□变形　□松脱　□过热　□损坏
动力蓄电池铭牌	□正常　□脏污　□缺失　□损坏
实施表面清洁	□是　□否

② 电动机检查。

a. 车辆下电、举升后，检查驱动电动机的外观。

车辆下电	□是　□否		
电机底部防护层状态	□正常　□磕碰　□划伤　□损坏		
高低压插接件	□正常　□变形　□松脱　□过热　□损坏		
驱动电机铭牌	□正常　□脏污　□缺失　□损坏		
冷却液管	上水管	□无裂纹　□有裂纹	
		□无泄漏　□有泄漏	
	下水管	□无裂纹　□有裂纹	
		□无泄漏　□有泄漏	
实施表面清洁	□是　□否		

b. 检查驱动电机的插接件状况。

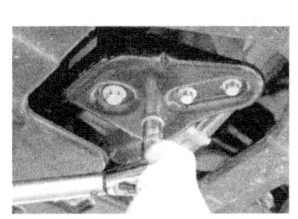

	检查结果	
检查驱动电机高压插接件状态是否良好	□正常　□退针　□变形 □松脱　□过热　□损坏	
检查驱动电机低压插接件状态是否良好	□正常　□退针　□变形 □松脱　□过热　□损坏	

c. 检查驱动电动机螺栓紧固情况。

使用工具	
规格	
螺栓数量	
螺栓拧紧力矩	

③ 底盘系统检查。

a. 转向系统检查。

	原地转向	点火开关位置	□LOCK　□ACC □ON　□START
		检查结果	□正常　□沉重 □助力不足
	低速行驶中转向	点火开关位置	□LOCK　□ACC □ON　□START
		检查结果	□正常　□沉重 □助力不足
	将转向盘分别转至左、右极限位置	点火开关位置	□LOCK　□ACC □ON　□START
		左极限	□正常　□沉重 □助力不足
		右极限	□正常　□沉重 □助力不足

b. 制动系统检查。

检查项目	检查标准	检查结果	（检查结果：否）处理意见
电源电压		正常□　否□	
真空助力系统各端电压		正常□　否□	
电路导通情况		正常□　否□	
搭铁线		正常□　否□	

第三环节：任务实施完成后，各小组负责清理工具和量具等，清洁地面卫生。

【检验评估】

通过实际进行电动汽车整车检查与维护，对任务进行评估，并将结果记录在表6-10中。

检查检修计划和任务实施工单，对学生的掌握情况进行评估。

1）各组汇报工作过程与过程中遇到的问题，并说明解决方法。

2）自评与互评。

3）教师点评、总结学生的参与度、学习态度、专业能力、关键能力。

4）教师填写学业评估表。

表6-10　学业评估表

评价内容	检验指标	分值	自评	互评	师评	总评
知识与技能（60分）	能叙述电动汽车整车维护的项目	10分				
	能叙述电动汽车整车维护的步骤	10分				
	能正确制订电动汽车整车维护方案	20分				
	能正确完成电动汽车整车维护作业	20分				
过程与方法（40分）	学习态度：主动参与学习，遵守纪律	10分				
	团队合作：与小组成员分工合作，在小组完成任务的过程中所起的作用较大	10分				
	方法能力：具备发现、分析、解决问题的方法与能力	10分				
	现场管理：服从工位安排、执行实训室5S管理规定	10分				
对学生的综合评价与建议						

任务6.2　电动汽车常见故障处理

【案例引入】

某修理厂来了一辆北汽新能源电动汽车，行驶里程为50000km，最近出现了无法起动的故障现象。电动汽车的故障有什么维修要点呢？

【任务要求】

1）熟悉电动汽车故障处理流程。

2）掌握电动汽车常见故障检测与排除方法。

学习参考

1. 电动汽车常见故障

（1）无法起动　电动汽车无法起动的原因有两种：

1）车辆无起动征兆，整车电气元件不工作，即整个电气系统无法工作。

2）车辆电气元件能正常工作，但车辆无法起动行驶。

（2）电气设备不工作　电动汽车电气设备主要包括灯光、音像系统、电动真空泵、电动刮水器、组合仪表、电动助力转向器、电动空调等。在实际使用中，音像系统、电动真空泵、组合仪表和电动刮水器较多出现不工作的故障。

（3）电气设备工作不正常　电气设备工作不正常是指其工作状态与设计状态不一致，或性能达不到设计标准，如电动真空泵不停地抽气、组合仪表显示不正常、收音机有很大的干扰等。

2. 常见故障的分析与处理

（1）无法起动故障分析与处理　图6-8所示为电动汽车整车控制系统框架。高压配电箱为高压系统核心部件，所有高压元件能量传输都通过高压配电箱；动力蓄电池组首先接入高压配电箱，再通过电动机控制器控制驱动电动机，电动机为三相异步电动机，由3个接线柱接入电动机控制器的高压模块，同时反馈转速信号，电动机控制器通过获得输入信号控制异步电动机的运行；整车控制器接收加速踏板位置传感器信号，发送指令至电动机控制器以控制电动机的转速、方向、力矩等。

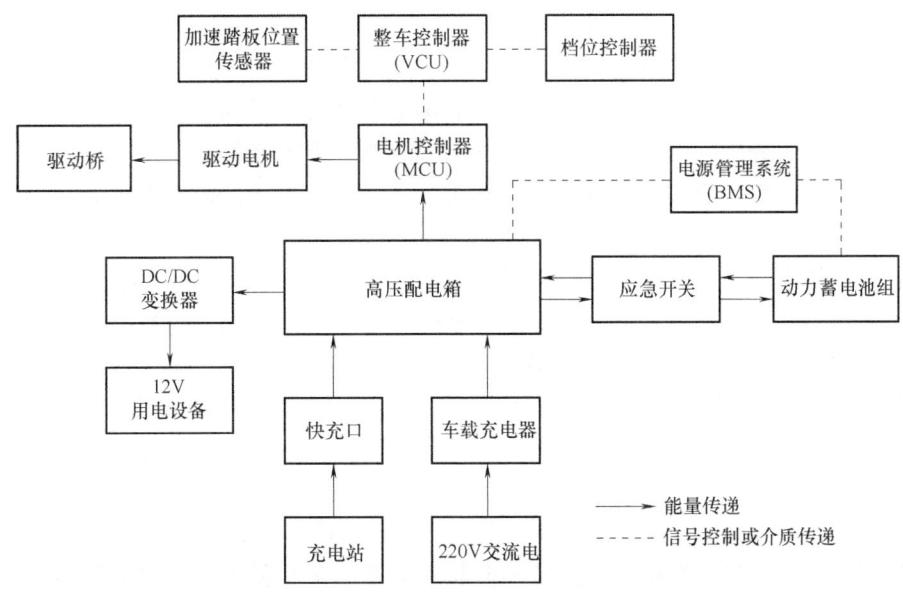

图6-8　电动汽车整车控制系统框架

低压电气系统结构如图6-9所示。整车控制器（VCU）是低压电气系统的核心部件，动力蓄电池组高压电通过DC/DC变换器变换为12V，向低压电气设备供电。

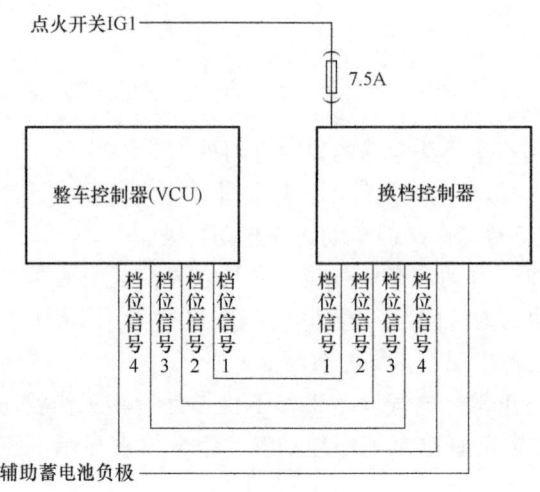

图6-9 低压电气系统结构

动力蓄电池负极与电机控制器之间有负极控制模块。图6-10所示为负极控制模块电路。负极控制模块的作用是起动开关控制车辆运行，核心为主接触器，外围控制信号的输入主要是为了主接触器的吸合。分析工作原理可知，电动汽车无法起动的直接原因为：直流接触器不吸合，导致动力蓄电池电源无法接入电机控制器高压模块，因此无法控制电机的运行，车辆无法起动。

电动汽车第一种起动故障表现为：整车电气设备不能工作，即整车无电源。电动汽车低压用电设备的电源由DC/DC变换器提供，DC/DC变换器用于将高压电转换为12V的直流电。出现第一种起动故障的原因一般是DC/DC变换器无正常供电，导致整个汽车的电气设备无法上电。由于以上问题，负极控制模块无法得到主接触器吸合所需的输入信号，最终导致车辆无法起动。基于以上分析，更换DC/DC变换器可排除第一种起动故障。

第二种起动故障表现为：车辆电气设备都正常工作，但是无法起动车辆。这种情况一般是负极控制模块的电路出现故障。

负极控制模块电路工作过程如下：踩住制动踏板，按住起动按钮3~4s，预充电继电器一端通过1号熔丝得到12V电压，并且电源主接触器控制线圈一端通过2号熔丝得到12V电压；过0.2s后整车控制器检查到12V信号，然后将向预充电继电器控制线圈输出低电平（10s后断开），预充电继电器吸合；动力蓄电池通过预充电电阻向电动机控制器高压模块完成充电过程。完成后，电机控制器向主接触器控制线圈发出低电平，这时主接触器完成吸合动作，车辆便可正常起动。

接触器的控制端有两个端子：一端是从点火开关通过熔丝得到12V电压（ON档）；另一端是从电动机控制器输出的低电平。这类不能起动的原因多是低电平端没有低电平，其原因主要有两个：一是点火信号没有输入到电机控制器；二是预充电电阻没有连接上，导致没有满足电机控制器输出条件。此类起动故障多为线束接触问题、熔丝烧断、预充电电阻未接入回路等。

（2）电气设备不工作的故障分析与处理 电气设备工作需要符合一定的条件，一般需要有电源供给、搭铁。电气设备不工作多是因为没有电源供给，首先使用万用表确定有无电源

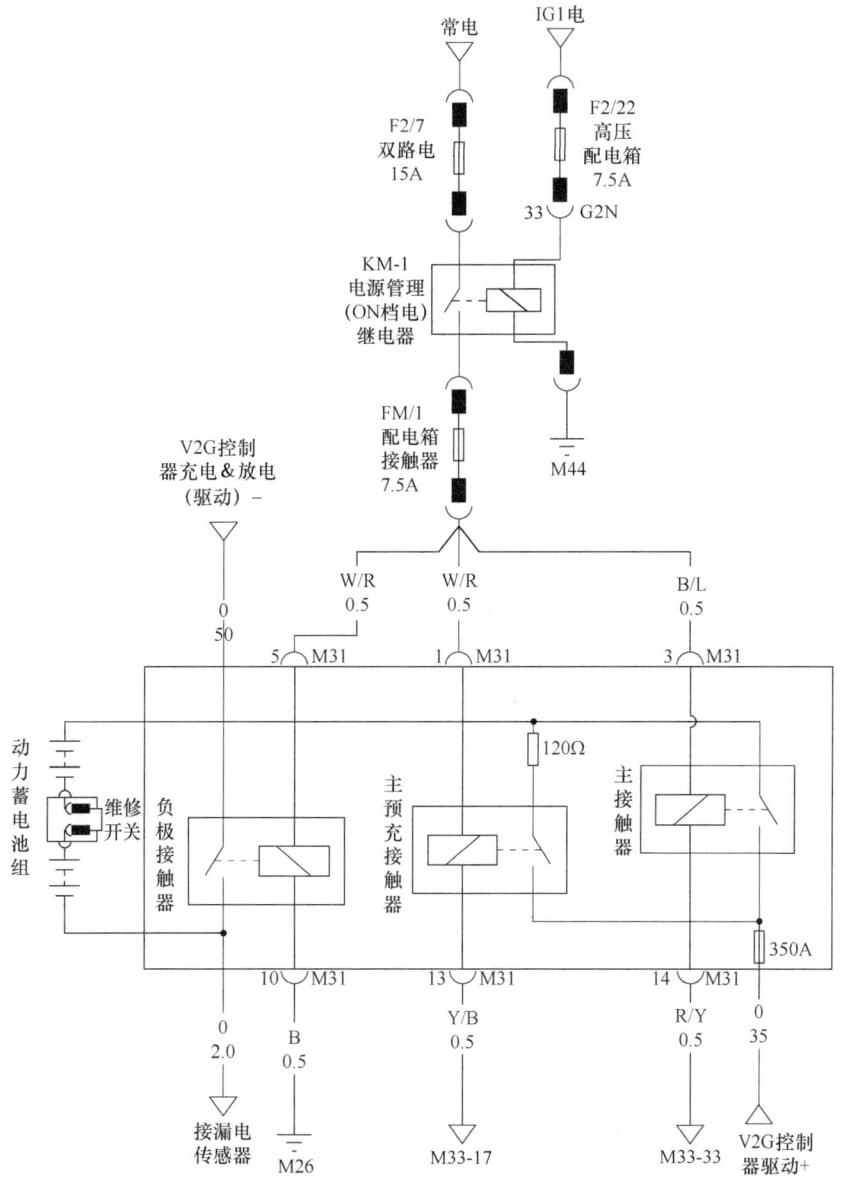

图 6-10　负极控制模块电路

供给，确认线束插接口有无松动情况出现，再确认搭铁是否正常。如果无上述情况，则有可能是此电气设备自身存在问题，可以换一个同款设备接上测试。这种故障一般是线束环节导致电源供给中断，可以分析电气原理图确定故障点。

（3）电气设备工作不正常故障分析与处理　这种故障需分析电气设备的工作原理，依据故障表现推测故障模式。思路是首先确定输入条件是否符合工作条件，如果输入条件不符合则从不符合项入手，分析电气原理图确定不符合的源头。其次，如果输入正常，则排查机械问题，如果没有机械问题，则电气设备本身出现了故障，可以通过互换零部件对比确认零部件问题。

【制订实训计划】

1. 岗位任务

一辆北汽新能源 EV 系列电动汽车行驶里程为 30000km，车主反映该车多个仪表指示灯常亮，且无法起动。维修人员试车初步判断为整车控制系统故障，而查找故障点需要查阅该车的电路图，根据电路图制订检修计划。

2. 教师布置任务

电动汽车无法起动故障排除。

3. 小组制订计划

根据故障现象和任务要求，确定所需要的检测仪器、工具，并对小组成员进行合理分工，制订详细的诊断和修复计划。

（1）需要的检测仪器、工具

1）电动汽车维护工具套装。

2）翼子板护裙、转向盘护套、变速杆护套、座椅护套和脚垫。

3）电动汽车维修手册。

4）电动汽车整车或实训台架。

（2）小组成员分工

1）小组分组，每组 4~6 名成员。

2）小组进行分工决策并制订任务实施计划，完成表 6-11 和表 6-12 的填写。

3）小组汇报计划，并根据教师的建议进行修改和完善。

表 6-11 小组成员分工决策

序号	操作人员	任务
1		
2		
3		
4		
5		

表 6-12 任务实施计划

序号	工作步骤	使用工具	注意事项	操作人员
1				
2				
3				
4				
5				

【技能训练】

1. 电动汽车故障诊断流程

按照图 6-11 所示的程序对电动汽车进行故障诊断。

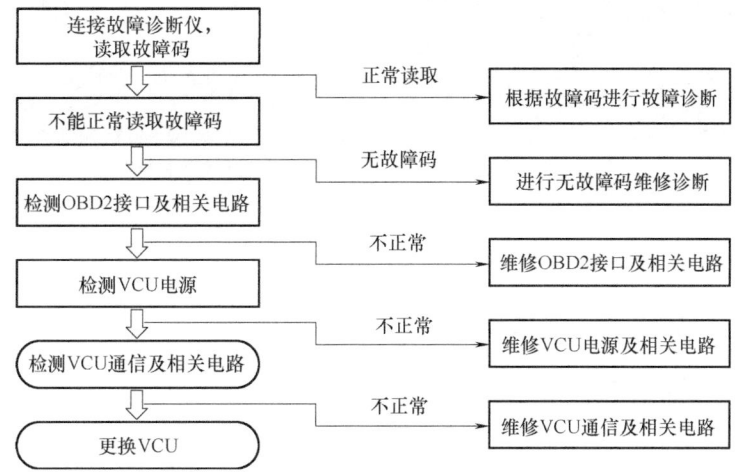

图 6-11　电动汽车故障诊断一般流程

车辆必须能与故障诊断仪通信。对故障诊断仪无法连接的车辆，按以下顺序排查：

1）使用万用表，检查 VCU 的供电是否正常，包括 ON 档电、常电。同时，需要检查低压电气盒中 VCU 的各供电熔丝是否正常。

2）使用万用表检查 OBD 诊断口与 VCU 的 CAN 总线线束连接是否牢固、正常。

3）如果以上都正常，则更换全新的 VCU。

4）排查结束，故障诊断仪将可顺利与 VCU 建立 CAN 总线通信连接。进入诊断界面，按照流程（读取故障码、冻结帧、数据流）进行其他故障的定位、排查、维修，最后清除故障码。关闭点火开关，再打开到 ON 档，再次读取故障码，确认故障不再出现，维修完成，试车，将车辆交还用户。

2. 故障诊断实例

以起亚华骐电动汽车为例，练习故障诊断步骤。

（1）车辆基本检查

1）缓速/快速开闭充电口门，检查充电器闭锁手动释放控制杆。

2）检查车辆内部蓄电池安装，检查维修开关。

3）检查高电压电路。

4）检查机舱各高电压相关部件的位置：高电控制盒、电机总成等。

5）室内检查：检查变速杆、仪表盘、充电口门开关、充电器锁定开关。

（2）读故障码　连接故障诊断仪，选择需要诊断的系统，如图 6-12 所示。读取故障码（故障码存储于整车控制器，反映整车状态信息，如车辆发生故障时的车速、高压电压、档位、加速踏板角度、制动状态等）。如果有故障码，则通过故障码分析故障原因。故障码是电动汽车检修的重要依据。

（3）读取蓄电池管理系统数据流

如图 6-13 所示，读取蓄电池管理系统的数据流。蓄电池管理系统的数据流如下：

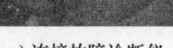
a) 连接故障诊断仪

b) 故障诊断仪操作界面

图 6-12 读取故障码

传感器名称	数值	单元
钥匙防盗器内置	TRUE	—
齿轮状态 P	TRUE	—
齿轮状态 R	FALSE	—
齿轮状态 N	FALSE	—
齿轮状态 D	FALSE	—
齿轮状态 B	FALSE	—
ECO OFF 开关	FALSE	—
充电取消开关	FALSE	—
VCU钥匙防盗系统认证	FALSE	—
制动灯开关	FALSE	—
制动开关	TRUE	—
起动钥匙	FALSE	—
EV 就绪	FALSE	—
VCU 准备就绪	TRUE	—
主继电器 Off 请求	FALSE	—
电源启动	FALSE	—
LDC 限制	TRUE	—
MCU故障标志	FALSE	—
MCU警告标志	FALSE	—
MCU执行器驱动测试模式	FALSE	—
MCU 的维修灯请求	TRUE	—
电机逆变器控制器准备就绪	TRUE	—

图 6-13 电池管理系统数据流

1）SOC：可以分析动力蓄电池的电量等是否正常。

2）蓄电池组当前总电压：可以分析当前动力蓄电池组的输出总电压——动力蓄电池组、接触器等是否正常。

3）蓄电池组当前总电流：可以分析当前动力蓄电池组放电电流——动力蓄电池组、电流传感器、电池管理系统是否正常。

4）单次充电/放电电量：可以分析单体电池最低电压、单体电池最高电压、单体电池最高温度、单体电池最低温度、动力蓄电池系统生命信号、动力蓄电池继电器闭合与断开状态等——动力蓄电池是否正常。

（4）读取电机控制系统数据流 如图 6-14 所示，选择 GDS（起亚汽车专用检测仪）→车辆电机控制系统/VMCU 菜单→车辆软件管理，读取电机系统数据流（注意：电机位置传感器自动修正初始化修正时期。修正时，举升车辆，以适当速度行驶 $2s$ 以上）。

（5）读取 VCU 数据流 选择 GDS→车辆整车控制器（VCU）菜单→车辆软件管理，读取 VCU 数据流。

【实训工单】

第一环节：教师讲解并进行演示。

教师在实训车辆上讲解电动汽车常见故障的检测与维修项目，指导学生检测与排除常见

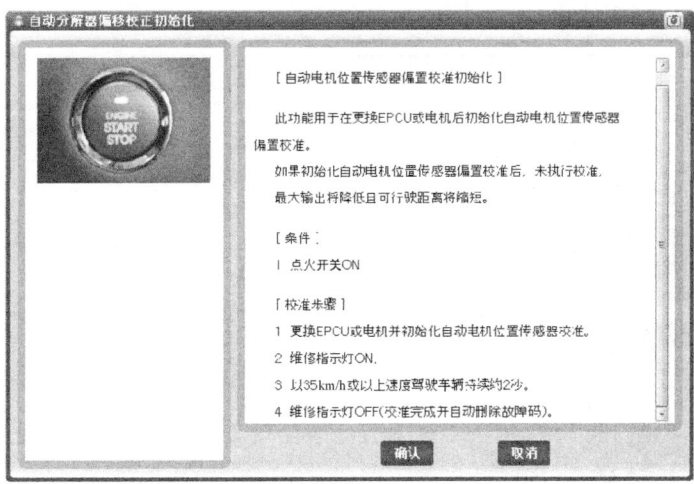

图 6-14　电机控制系统数据流

的仪表系统故障。

　　第二环节：学生现场按照以下步骤实施任务。

　　1）基本检查。

　　① 作业前现场环境检查。

	作业内容：
	作业结果：

　　② 作业前防护用具检查。

	作业内容：
	作业结果：

③ 作业前工具、仪表检查。

	作业内容:
	作业结果:

④ 作业前车辆检查。

	作业内容:
	作业结果:

2）车辆故障检查与排除。

① 低压供电电路的检查。

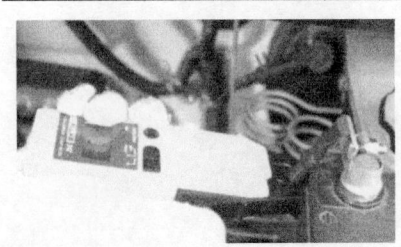

② 故障分析。

③ 故障点查找与排除记录。

第三环节：任务实施完成后，各小组负责清理工具和量具等，清洁地面卫生。

【检验评估】

通过处理电动汽车常见故障，对任务进行评估，并将结果记录在表6-13中。

检查检修计划和任务实施工单，对学生的掌握情况进行评估。

1）各组汇报工作过程与过程中遇到的问题，并说明解决方法。

2）自评与互评。

3）教师点评、总结学生的参与度、学习态度、专业能力、关键能力。

4）教师填写学业评估表。

表6-13　学业评估表

评价内容	检验指标	分值	自评	互评	师评	总评
知识与技能 （60分）	能叙述电动汽车常见故障现象	10分				
	能叙述电动汽车常见故障原因	10分				
	能正确进行电动汽车故障基本检查和原因分析	20分				
	能正确排除电动汽车常见故障	20分				
过程与方法 （40分）	学习态度：主动参与学习，遵守纪律	10分				
	团队合作：与小组成员分工合作，在小组完成任务的过程中所起的作用较大	10分				
	方法能力：具备发现、分析、解决问题的方法与能力	10分				
	现场管理：服从工位安排、执行实训室5S管理规定	10分				
对学生的综合评价与建议						

参 考 文 献

[1] 张金柱. 新能源汽车技术 [M]. 北京: 机械工业出版社, 2017.

[2] EHSANI M, GAO Y M, LONGO S, et al. 现代电动汽车、混合动力电动汽车和燃料电池电动汽车 [M]. 杨世春, 华旸, 能素铭, 等译. 北京: 机械工业出版社, 2019.

[3] 杨少波, 安妮. 汽车电气设备构造与维修 [M]. 成都: 电子科技大学出版社, 2017.

[4] 陈全世. 先进电动汽车技术 [M]. 北京: 化学工业出版社, 2018.

[5] REIF K. BOSCH 汽车工程手册 [M]. 魏春源, 译. 北京: 北京理工大学出版社, 2019.

[6] 袁雷, 胡冰新, 魏克银, 等. 现代永磁同步电机控制原理及 MATLAB 仿真 [M]. 北京: 北京航空航天大学出版社, 2016.

[7] 张珠让, 尤元婷. 电动汽车维护与保养 [M]. 北京: 机械工业出版社, 2018.

[8] 简玉麟, 沈有福. 电动汽车使用与安全防护 [M]. 北京: 机械工业出版社, 2018.

[9] 景平利, 敖东光, 薛菲. 电动汽车检查与维护 [M]. 北京: 机械工业出版社, 2017.

[10] 瑞佩尔. 图解新型电动汽车结构·原理与维修 [M]. 北京: 化学工业出版社, 2017.

[11] 黄文进, 尹爱华. 新能源汽车电学基础与高压安全 [M]. 北京: 机械工业出版社, 2018.

[12] 赵金国, 李治国. 新能源汽车高压安全与防护 [M]. 北京: 人民交通出版社, 2017.

[13] 赵振宇, 王慧怡. 新能源汽车技术 [M]. 北京: 人民交通出版社, 2013.

[14] 陈强明. 新能源汽车综合故障诊断 [M]. 天津: 天津科学技术出版社, 2016.